AL GRANO
Y SIN RODEOS

AL GRANO Y SIN RODEOS

CÓMO ENCONTRAR, ATRAPAR Y ENTENDER A UN HOMBRE

Steve Harvey
con la colaboración de Denene Millner

AGUILAR

Copyright © Steve Harvey 2010
Título original: *Straight Talk, no Chaser*
Publicado originalmente por Amistad, una empresa de HarperCollins Publishers.

De esta edición:
D. R. © Santillana Ediciones Generales, S.A. de C.V., 2011.
Av. Universidad 767, Col. del Valle.
México, 03100, D.F. Teléfono (55 52) 54 20 75 30
www.editorialaguilar.com

Primera edición: mayo de 2011
ISBN: 978-607-11-0986-6

Traducción: Alejandra Ramos
Diseño de portada: Fernando Ruiz

Impreso en México

Este libro lo dedico a la memoria de mi amada madre,
Eloise Vera Harvey,
quien me enseñó a amar y a tener fe en Dios;
y a mi padre,
Jesse "Slick" Harvey,
cuyo único propósito fue enseñarme a ser un hombre.
La combinación de las enseñanzas de ambos me ha permitido
seguir caminando, incluso en mis días más oscuros...
Los extraño mucho, espero que se sientan orgullosos de mí.

ÍNDICE

INTRODUCCIÓN

Escucho cómo los tacones golpean contra el cemento; se acercan más y más rápido, haciendo más y más ruido. Ella sube los tres pisos del estacionamiento circular. Deja los elevadores tras de sí, y ahora corre en medio del camino para caerme encima antes de que llegue a mi auto o para detenerme si alcanzo a arrancar. Justo cuando estoy a punto de meterme al asiento trasero, me atrapa: "¡Steve Harvey!, ¡Steve Harvey! Tengo... tengo... el... anillo", dice mientras agita su mano izquierda frente a mi rostro y trata de recuperar el aliento después del ejercicio inesperado. Traga saliva, respira otra vez y luego comienza de nuevo. "Dijiste que el matrimonio tenía que ser un requisito, y que le dijera que si quería que nuestra relación continuara, tenía que darme un anillo. Hice lo que me indicaste, y lo tengo, Steve Harvey. ¡Tengo mi anillo!".

Historias como la de esta chica, me suceden todos los días: algunas mujeres me envían cartas diciéndome que desearían haber tenido en su mesa de noche mi primer libro, *Actúa como dama pero piensa como hombre*, cuando estaban perdiendo el tiempo con un bueno para nada; otras mujeres me envían correos electrónicos en los que me explican que, de haber sabido lo que motiva a los hombres —información que compartí en aquel libro—, habrían podido reconocer mejor al hombre que sí valía la pena. También hay mujeres que llaman a *The Steve Harvey Morning Show*, se presentan a las firmas de libros, a los paneles sobre relaciones y presentaciones televisivas, y envían mensajes a mi página de citas en Internet. Y todo eso sólo para agradecer mis consejos y comprometerse a seguirlos durante el proceso: buscar, mantenerse involucradas en, y forjar relaciones con el sexo opuesto.

Con más de dos millones de copias vendidas en todo el mundo y su traducción a una enorme cantidad de idiomas en treinta países, me enorgullece saber que la gente digirió, consideró, discutió y, finalmente, aplaudió, todo sobre lo que expuse tan apasionadamente en *Actúa como dama pero piensa como hombre*. También me siento agradecido por las puertas que el libro me abrió. En un programa matutino en cadena nacional y en una de las revistas femeninas más leídas y de mayor prestigio en el mundo, me catalogaron como un experto en relaciones (aunque yo seguiré sosteniendo que sólo soy un experto en la configuración de la mente masculina, en términos de cómo pensamos y por qué hacemos lo que hacemos).

Debo ser franco: no me esperaba nada de lo que sucedió. Cuando me dispuse a escribir el primer libro, mi única intención era compartir —con las mujeres que enviaban sus preguntas al segmento "Strawberry Letter" de mi programa de radio, y con las que iban a los *shows* de comedia en vivo y siempre sacudían la cabeza mostrando su aprobación ante los comentarios sobre el amor y las relaciones amorosas—, una guía sin tapujos para entender lo que piensan los hombres acerca del amor, el sexo, las citas y el matrimonio. Mi única esperanza era que la guía ayudara a las mujeres a ver más allá de los mitos, estereotipos y chismes comunes que obstaculizan la manera en que se conducen en las relaciones que tienen con nosotros los hombres. Tenía la intención de informarles quiénes éramos en realidad, y lo que se necesita saber para ganar en el "juego de las citas".

Mis propósitos eran honestos: estos temas me preocupan mucho porque soy esposo, hijo y un comentarista que se dirige diariamente a millones de mujeres a través de su programa de radio. Y lo más importante: porque soy padre de cuatro niñas, unas bellas jovencitas quienes merecen que, hombres igualmente buenos, las amen, las respeten y las traten de la forma en que ellos quieren ser amados, respetados y tratados.

Poco después, descubrí que con *Actúa como dama pero piensa como hombre* no era suficiente. Al dirigir seminarios sobre relaciones en toda la Unión Americana, descubrí que, sin importar cuán bien creía haber explicado las motivaciones de los hombres, las mujeres seguían teniendo innumerables preguntas sobre por qué los hombres reaccionamos de la forma en que lo hacemos, en varias situaciones románticas. Si le decía a un grupo de mujeres que lo único que motiva a los hombres es su trabajo, cuánto dinero ganan, y quiénes son, ellas querían saber por qué la estabilidad económica para los hombres es más importante que enamorarse. Si les explicaba que los hombres demuestran su amor proveyendo, protegiendo y entregándose a su ser amado, el público quería saber por qué los hombres no pueden amar de la misma forma en que lo hacen las mujeres, es decir, dejándose llevar por su corazón. Por cada una de las preguntas que contesté en el capítulo "Respuestas inmediatas a las preguntas candentes que siempre habías querido hacer" –de "¿Qué es sexy para los hombres?" a "¿Te molesta que tu esposa no trabaje?"; y de "¿Se sienten los hombres cómodos si sus mujeres tienen amigos varones?" a "¿Es importante ponerse del lado de su mamá?"– surgían cincuenta temas más que yo no había abordado anteriormente.

También había un grado importante de desacuerdo. Algunas preguntaban por qué les había recomendado a las mujeres que se abstuvieran de dormir con un hombre los primeros noventa días, por lo menos, mientras investigaban sus intenciones. Otras argumentaban que si se atrevían a establecer estándares y requisitos, y a decirles a los hombres de frente que estaban en busca de una relación seria, entonces ahuyentarían a los que sí se sentían genuinamente interesados. Unas más cuestionaban si yo, un comediante con dos divorcios, estaba capacitado para aconsejar a las mujeres sobre cómo tener una relación exitosa y duradera.

Todas estas preguntas, observaciones y dudas, aunadas a las exigencias que me hacían para ofrecer más respuestas y aclaraciones, me recordaron que las mujeres son las criaturas más inquisitivas que Dios ha creado y que, sin importar cuántas veces les explique algo a mi esposa, mis hijas, mis amigas, colegas y, en particular, a mis lectoras de *Actúa como dama pero piensa como hombre*, las mujeres siempre querían escuchar las respuestas en más formas de las que mi libro les mostraba. Asimismo, pude ver que no importa con qué frecuencia yo u otro hombre les diga que tal vez deberían pensar y actuar de un modo distinto al tratar con nosotros, ellas siempre tendrán sus dudas. Esto sucede, en parte, porque otras mujeres, madres, tías, parientes, amigas y las editoras de revistas femeninas (quienes en su mayoría son del sexo femenino), han influido en la forma que las mujeres se conducen en sus relaciones con los hombres. Es muy raro que los hombres ofrezcan sus opiniones sobre las citas y el compromiso, y mucho menos que les digan a las mujeres qué hacer para que una relación funcione. Como consecuencia, cuando un hombre se hace escuchar sobre el tema, es muy común que suene como si estuviera en contra de todos los consejos que las mujeres ya han recibido con anterioridad. Es por ello que entiendo por qué algunas mujeres dudan en aceptar los consejos tácticos que les ofrezco: sé que les deben causar un poco de temor.

Con lo anterior quise decir que pude comprender sus preguntas, preocupaciones, quejas y gritos. Todo esto me hizo entender que tenía que profundizar en mis explicaciones sobre las razones por las que los hombres hacemos lo que hacemos. Sólo de esa forma las mujeres podrán tener una perspectiva más amplia de cómo encontrar al hombre de sus sueños o de cómo afianzar la relación en la que ya están involucradas, y hallar la satisfacción que encierran su propia fortaleza, valor, poder y sabiduría.

En esta ocasión voy a llegar al fondo del porqué parece que los hombres nunca hacen lo que ustedes quieren que hagan, en el momento que lo necesitan; también exploraré la manera de obtener lo más posible de sus hombres en el aspecto sexual; y hablaré sobre lo que los hombres piensan acerca de las citas, dependiendo de la década en que se encuentren, de los veinte años en adelante. También retomaré, con mayor profundidad, los temas más populares y controversiales que surgieron gracias a las discusiones de *Actúa como dama pero piensa como hombre*, que incluyen: lo que los hombres realmente piensan sobre la divulgada noción de que las mujeres fuertes e independientes nos intimidan; formas creativas para lograr que un hombre continúe cumpliendo con tus estándares y requisitos; cómo formular las preguntas indicadas para obtener respuestas honestas; y estrategias probadas para lograr que un hombre verdadero se comprometa con ustedes.

Mi deseo es que para cuando termines de leer este libro y en realidad asimiles la información que en él te comparto, tengas una visión más informada de los hombres, y una apreciación de lo increíblemente simples que en realidad somos. Nosotros los hombres siempre miramos las situaciones desde el mismo ángulo y usamos los mismos principios, casi sin desviación alguna. En lo que se refiere a las citas y a establecer una relación con alguien, no existe razón alguna para que intelectualices lo que opinas sobre el desarrollo de la relación, o de que esperes que tu hombre adopte tu lógica, porque, después de todo, no puedes cambiar a los hombres. Una cantidad infinita de mujeres me ha preguntado: "Steve, ¿cuándo vas a escribir un libro en el que les digas a los hombres lo que deberían hacer?". Pues bien, no podría dictar ninguna conferencia, participar en ningún panel, ni dirigir ninguna mesa redonda televisiva, que logre que un hombre tome un libro sobre relaciones y profundice en él. Sencillamente no lo va a leer. Te puedo apostar mi último dólar a que, aunque yo regalara el libro, sólo unos cuantos hombres –que podría contar con los dedos de una mano– leerían un libro sobre cómo llevarnos mejor con las mujeres. Porque, para empezar, ningún hombre permitiría que otro le dijera lo que debería hacer en su propia casa con su mujer. En segundo lugar, te aseguro que, en definitiva, no quiere escuchar a Steve Harvey diciéndole cómo conducirse –al menos no después de que en *Actúa como dama pero piensa como hombre* revelé nuestra naturaleza– y, especialmente, no después de que divulgue en este libro todos los secretos de los hombres acerca de las relaciones.

No obstante, espero que las mujeres que hayan elegido leer este libro encuentren el valor para ir en contra de sus arraigadas nociones acerca de las relaciones, y comiencen a reflexionar y a poner en práctica los consejos que les ofrezco en estas páginas. Yo sé que es difícil nadar en mares desconocidos, sé que es aterrador, sin embargo, te exhorto a abrir tu mente y a perder el miedo. Después de todo, la mayor razón para fracasar es el temor al fracaso. Si tú en verdad deseas cambiar tu suerte en las relaciones, ¿por qué no intentarlo? Si lo que has hecho hasta ahora no ha funcionado, ¿por qué no intentas implementar lo que sugiero en este libro y en *Actúa como dama pero piensa como hombre*? Da un paso y arriésgate. No te estoy sugiriendo que vayas a escalar sin equipo de protección, que te lances de un avión sin paracaídas, ni que te encadenes y trates de escapar de un tanque lleno de agua. Sólo te pido que trates de pensar de manera distinta respecto a las relaciones y que, para lograrlo, te inspires en las verdades que descubrirás sobre los hombres en las páginas de mis libros.

Realmente deseo que uses esta información para ejercer tu poder, para reconocer que la llave para una relación exitosa está en tus manos. En efecto, puedo entender que a muchas mujeres no les interese la idea de que sobre sus hombros recaiga el peso de conseguir la relación que quieren, pero las cosas son así. Ustedes fueron bendecidas con una tremenda serie de habilidades que los hombres no tenemos, dichas habilidades son precisamente lo que, sin duda alguna, tienen que explotar para obtener lo que desean.

Modifiquen su enfoque, recuperen su poder, y levanten el rostro cuando comiencen a trabajar para obtener el amor que se merecen. Háganlo. No tienen nada qué perder y sí mucho qué ganar.

I
PARA ENTENDER A LOS HOMBRES

1. Cómo se hace un hombre

Realmente no sé por qué me casé a los veinticuatro años. Sí, yo creía firmemente en la idea del matrimonio porque, después de todo, mis padres habían estado casados por sesenta y cuatro años cuando mi madre falleció. Yo tenía la firme intención de imitar lo que ellos habían logrado: una relación estable en un hogar lleno de amor, fuerza, perseverancia y sabiduría. Ésa era la forma de vida que conocía, así que me pareció perfectamente lógico entregarle una sortija a la mujer que amaba y decir: "Sí, acepto". Y ahí fue cuando comenzaron las dificultades.

Las semanas previas a mi matrimonio yo todavía no contaba con un sueldo fijo para mantener a la que sería mi esposa. En el fondo de mi corazón sabía que eso no estaba bien, hasta llegué a hablar con mi madre, le dije que iba a cancelar la boda porque no tenía un empleo y sentía que estaba a punto cometer un error. Mi madre quería ver a su hijo casarse y sabía bien que cancelar la boda devastaría a mi prometida, así que me convenció de no hacerlo. Ya habíamos enviado las invitaciones y la gente esperaba el espectáculo con ansias. ¿Quién era yo para echar a perder la gran ocasión?

Años más tarde, mi madre se disculpó conmigo y admitió que, de haber sabido que yo no estaba preparado para ser un buen esposo, jamás me habría convencido de casarme. Para ese momento ya pudimos señalar lo que me había faltado, lo que había condenado mi primer matrimonio al fracaso desde antes de que se secara el pegamento de los timbres postales que habíamos pegado a las invitaciones: yo no sabía quién era, no sabía lo que quería hacer con mi vida, ni lo que estaba dispuesto a hacer para lograrlo. Tal como lo expliqué en *Actúa como dama pero piensa como hombre*, todo lo que un hombre hace se consolida a través de su posición en la vida (quién es él), de la forma en que lo obtiene (qué trabajo desempeña), y la recompensa que consigue al hacerlo (cuánto gana). Éstas son las tres metas que un hombre tiene que lograr antes de sentir que ha realizado su destino. Si falta alguno de esos elementos, ese individuo estará demasiado ocupado tratando de alcanzar su objetivo y, por lo tanto, no podrá enfocarse en ti. No podrá sentar cabeza, tener hijos, ni construir una vida con alguien más.

Cuando me casé la primera vez, no había logrado nada de lo que mencioné antes, en lo absoluto. Había abandonado la universidad y comenzado a trabajar en Ford Motors. Me despidieron tiempo después y no pude conseguir un empleo sino hasta un mes después de casarme. Ese empleo me proveía algo de dinero, sin embargo, yo sabía que eso no era lo que quería hacer en la vida, que no era mi vocación. Me sentí muy frustrado. ¿Cómo podía convencer a mi mujer de que me apoyara en los planes que tenía para el futuro si yo mismo no estaba entusiasmado? ¿Cómo podría ella llegar a conocerme si yo mismo no me conocía? ¿Cómo podría ella beneficiarse con lo que yo hacía y con lo que ganaba si, en realidad, no estaba haciendo ni ganando nada? Me sentía ofuscado. Nuestro futuro financiero era un desastre y siempre estábamos riñendo por algo. Porque yo no era un hombre.

Claro que ella se había casado con un integrante de la especie masculina y, en consecuencia, con alguien que poseía algunas cualidades. Yo era gentil y confiable, era bueno para proteger y no tenía ningún empacho en decir que ella me pertenecía y yo a ella. También nuestra relación produjo algunas cosas buenas, muy buenas, de hecho: nuestras hijas Karli y Brandi, y nuestro hijo, Steve. Pero yo continuaba sin convertirme en hombre y eso nos salió muy caro.

Desearía que mi padre me hubiese advertido, que se hubiera sentado conmigo para darme la información básica del matrimonio. Tal vez me podría haber dicho que siempre llega el momento en que se tiene que parar en seco toda la estupidez: meter la pata en la escuela o andar de mujeriego, por ejemplo. Ojalá me hubiera dicho que, de seguir actuando como tonto a cierta edad, mi falta de enfoque me saldría cara, que me obligaría a posponer mis sueños de trabajar en el mundo del espectáculo. Si él me hubiese advertido, le habría ahorrado mucho dolor a toda la gente que me rodeaba. Mi padre nunca compartió conmigo sus pensamientos y tampoco me indicó el momento en que un joven tiene que enfocarse en madurar y convertirse en hombre. Nunca me dijo: "Escucha, Steve, te queda un par de años para salir con varias mujeres mientras averiguas cómo funcionan las cosas. Cuando decidas quién eres, lo que quieres hacer y cómo quieres ganarte la vida, entonces consigue una pareja que te pueda ayudar a lograr todos esos objetivos".

Mi padre le habría podido enseñar esa gran lección a su hijo, pero resulta que los varones no somos así. No somos buenos para comunicarnos ni para compartir información. No existe ningún manual que nos diga que, en cierto momento, entre los veinticinco y los veintisiete años ya debemos saber qué queremos hacer con nuestras vidas, ni que, entre los veintiocho y los treinta debemos establecernos con una mujer que se comprometa a ayudarnos a alcanzar nuestros objetivos y sueños de la misma forma que nosotros nos debemos comprometer para que ella alcance los suyos. En lugar de eso, con mucha frecuencia nos dicen: "Todavía estás joven, sal con muchas chicas, diviértete, pásatela bien, no dejes que te atrapen y no te comprometas seriamente con ninguna mujer". Y para cuando logramos establecernos en el aspecto financiero y nos convencemos de que estamos listos para sentar cabeza, ya jugueteamos en una infinidad de "relaciones" y dejamos a un montón de mujeres en el camino, a algunas de ellas despedazadas y llenas de amargura, sólo porque creímos que era más importante añadirle una victoria más a nuestro cinturón de campeones que actuar con honorabilidad. Para ese momento, ya conseguimos esa estrellita en la frente que algunos hombres se otorgan entre sí cuando andan con más de una mujer al mismo tiempo. Pero, ¿y qué pasa con *tu* sufrimiento? Pues nosotros nos damos palmaditas en la espalda y nos repetimos, una y otra vez, que si somos hombres de verdad es nuestro deber causarlo.

Por otra parte, cuando los hombres se casan, rara vez reciben su palmadita en la espalda. Incluso los hombres casados, felizmente o no, comparten historias sobre los horrores del matrimonio, siempre señalando que cuando le ponen el "grillete" al hombre, toda la libertad de la que disfrutan los solteros se termina de pronto con un ruidoso enfrenón, y que el matrimonio es una especie de sentencia de muerte.

Ciertamente, entre los hombres, las conversaciones acerca de los problemas del matrimonio se convierten en pláticas repletas de falsa valentía y chistes, en lugar de que sean un diálogo con oportunidades para decir la verdad: que un matrimonio construido con amor, respeto, lealtad y confianza, es lo mejor que le puede pasar a un hombre. Hill Harper mencionó lo anterior en una mesa redonda sobre relaciones amorosas que organizamos para *Nightline*; Hill es un actor que ha escrito varios libros excelentes sobre la comunicación entre hombres y mujeres. Él insistió en que los solteros resultarían bastante beneficiados si los hombres casados admitieran públicamente que, tras puertas cerradas, en realidad se dicen a sí mismos y a sus esposas: "Gracias, Dios, por el matrimonio. Gracias, Dios, por mi familia. Gracias, Dios, porque hay alguien que me apoya y me ayuda a mantenerme sólido para ir a trabajar al día siguiente. Todo esto del matrimonio es buenísimo". Porque en verdad, el matrimonio es el complemento fundamental de la hombría.

Ya es hora de que le comencemos a enseñar esto a los jóvenes a una edad más temprana. Necesitamos apartarlos un momento del camino y explicarles que llega el momento en que tienen que parar en seco toda la estupidez, porque una vez que nos deshacemos de ella, podemos volver al asunto de encontrarnos frente a frente, de enamorarnos, de formar una familia y pasar toda la vida apoyándonos, soñando y creciendo juntos. Pero, claro, eso no es algo que una mujer nos pueda enseñar. Una madre no puede sentar a su hijo de veintidós o veintitrés años en su regazo y decirle lo que se necesita para ser un hombre. Una madre no tiene idea del nivel tan competitivo en el que nos desenvolvemos, no sabe lo que nos motiva ni lo que tenemos que enfrentar cada vez que atravesamos la puerta y salimos al mundo. De la misma manera, ningún hombre puede siquiera imaginar lo que significa ser una mujer joven. Nosotros admiramos y amamos a nuestras madres hasta la muerte, pero eso no significa que ellas puedan ponerse en nuestros zapatos. Los hombres y las mujeres son demasiado diferentes, y es por eso que una madre puede ignorar ciertas cosas, desde las más sencillas, como el hecho de que tenemos que agitar el pene después de orinar, hasta las más complejas, como saber cuál es la manera adecuada de enfrentar a otro hombre y poder salir de pie con la dignidad intacta y sin tener que herir a nadie más durante el enfrentamiento.

Por supuesto, estoy muy consciente de que decirles a las mujeres que no pueden enseñarles a los muchachos a ser hombres no es de gran ayuda. El mundo está repleto de madres solteras que se las arreglan solas, mientras los padres de sus hijos huyen de la enorme responsabilidad de criarlos. También parece que muchos de los hombres que sí se comprometen con sus familias y permanecen con ellas, con frecuencia se ausentan en el aspecto sicológico, se pierden en su trabajo. Sin embargo, es imperativo que los jóvenes que no tienen padres que les puedan enseñar cómo funciona la vida, se familiaricen con un sólido modelo masculino a seguir, positivo e inteligente. Puede ser un tío, un consejero, un entrenador, un maestro o un vecino, alguien con quien puedan hablar y que esté capacitado para asegurarse de que nuestros hijos aprendan las lecciones más importantes.

Por supuesto, yo les he enseñado esto a mis propios hijos, Wynton, Jason y Steve. Ese entrenamiento comienza desde el momento que abro los ojos por la mañana. A diario despierto a mis hijos a la misma hora que yo me levanto, sin importar qué tremebunda hora sea. Si voy a ejercitar un rato en la caminadora o a levantar pesas a las 4:30 a.m., ellos también lo harán. Si voy a la oficina a las 5:30 a.m. y comienzo a trabajar a las 6:00 a.m., para esa hora ellos también ya están vestidos y se dirigen a algún lugar. Si tienen que ir a la escuela o si tienen una carga de estudio algo pesada, de todas formas se tienen que levantar y, antes de prepararse, tienen que enviarme por mensaje los planes que tienen para ese día: puede ser sobre lo que están trabajando y sobre qué tarea piensan terminar antes de sentarse a desayunar, por ejemplo. Los típicos mensajes de mis hijos son así:

22 de mayo, 7:00 a.m.
Muy pronto me graduaré oficialmente de Harvey Academy. Sólo me falta presentar un examen más la próxima semana y entonces podré hacer que te sientas orgulloso de mí. Hoy voy a barrer el patio del frente y a estudiar. Te amo papá, hablamos más tarde (Jason).

7:10 a.m.
Ya estoy orgulloso. Sólo dame algo para presumir. Dale a tu padre algunos momentos maravillosos para el ocaso de su vida (Yo, Steve Harvey).

7:11 a.m.
Sí, señor. Tengo muchos deseos de que así sea (Jason).

Cuando mis hijos cometen algún error, también los reprendo. Así sucedió esta mañana que todos tenían que estar al frente del gimnasio familiar a las 4:00 a.m. para hacer una rutina conmigo.

Hey, si yo me voy a levantar y a subirme a la caminadora antes de que salga el sol para poder brindarles el estilo de vida que les gusta, lo menos que pueden hacer es acompañarme mientras lo hago. Pues bien, dan las 4:10 a.m., me encuentro haciendo la rutina y todos mis hijos siguen tirados. Cuando llamo al celular de Steve, me dice que todos habían "olvidado" el plan. Primero le envío un mensaje a Jason y le recuerdo que, así como sucede en la jungla, el gorila (yo) siempre está al mando y que las gacelas (mis hijos) no son lo suficientemente rápidas ni fuertes para seguirle el paso:

7:59 a.m.
Gorila espalda plateada, 2, Gacelas, 0 (Yo).

8:00 a.m.
¿Cómo anotaste 2? (Jason).

8:01 a.m.
El gorila toma lo que quiere. Yo tengo dos puntos (Yo).

8:02 a.m.
Voy a anotar uno en la tarde. Tu Biblia está en mi cuarto, JA. (Jason).

8:02 a.m.
Le dije a la señora Anna que la pusiera ahí. Ahora ya sabes por qué. Gorila, 3, Gacelas, 0. (Yo).

8:06 a.m.
Papá, ¿cómo es que anotas todo el tiempo? (Jason).

8:15 a.m.

Nunca paro. Es algo que está en ti, en tus vísceras, ¿entiendes? Es parte de tu vitalidad, de tu deseo de levantarte y ser tomado en cuenta. De tu orgullo. ¿Dónde está el orgullo que te hará cumplir lo que dijiste que ibas a hacer? Si yo no hiciera lo que prometo, ninguno de ustedes me respetaría. Mi deseo de ser respetado es tan grande que me motiva a ser excelente. ¿En dónde está tu orgullo? (Yo).

Necesitaba que ellos supieran que su padre está esforzándose, que mientras ellos dormían, yo estaba abajo corriendo en la caminadora y haciendo abdominales, y que luego me fui a trabajar para ganar un contundente cheque para poder pagar nuestros gastos y asegurarme de que todos tengamos un techo para cubrirnos, camas en dónde dormir y alimentos sobre la mesa. Para mí, para su madre y para ellos. Para todos nosotros.

También platico mucho con ellos, lo hago constantemente. Les hablo sobre lo que es ser un verdadero hombre. Porque si más hombres entendieran en verdad lo que eso significa, erradicaríamos muchas de las situaciones negativas con las que lidiamos en las relaciones: falta de un padre, divorcios, bajos índices de nuevos matrimonios… Y así continúa la lista. Mi padre casi nunca hablaba conmigo, pero sí me enseñó con su ejemplo lo que significa ser un padre y un esposo dedicado, me enseñó lo que era el trabajo duro y la importancia de cuidar de mi familia; me enseñó a respetar a los seres que amo y a exigirles a mis hijos que hagan lo mismo. También me enseñó que debía ser el mejor padre posible para todos los bebés que procreara. ¿Le entendí bien? No siempre. Antes de encontrar el paso adecuado para llevar una relación, fallé en dos matrimonios. Sé que equivocarse es de humanos, pero, en cada ocasión, pude aprender en medio de la oscuridad las lecciones necesarias, también en medio del fracaso. Después juré que no dejaría que sucediera de nuevo, no sólo por mi esposa y por nuestro matrimonio, sino también para convertirme en un ejemplo para mis hijos y mis hijas, quienes me observan, así como yo observé a mi padre. Quienes usan mi ejemplo para encontrar las pistas que les dirán cómo deben tratar a alguien en quien están interesados y, por supuesto, cómo deben esperar que esa persona los trate.

Hasta arriba de esa lista de rasgos que todo hombre debe tener se encuentra: "Cumple lo que prometes", éste es el emblema de la hombría. Es la forma en que la gente te juzga, la forma en que otros determinan el nivel de respeto que te otorgarán. Nosotros los hombres siempre presumimos de lo que vamos a hacer: "Ah, no te preocupes, hombre, te prometo que estaré ahí", pero, a menos de que respaldes tus palabras con acciones, no significan nada. Nada para tus muchachos, ni para tus hijos, ni para tus amigos y, particularmente, nada para las mujeres.

A las mujeres no les gusta que les des excusas cuando no cumples una promesa, en particular, cuando se trata del bienestar de sus niños. Por eso, el hombre que dice que va a proteger a su dama necesita estar dispuesto a hacer lo necesario por mantenerla a salvo. El hombre que promete proveer a su mujer trabaja todos los días con ahínco para ganar un salario suficiente, para que ella y la familia que formaron juntos, tengan lo necesario, e incluso un poco más que eso. Un hombre que promete amar a su pareja no pasa por encima de ella, no la golpea ni abusa de ella, ni emocional ni mentalmente. No, en vez de eso, él la ama de la forma en que una mujer desea ser amada: con fidelidad, respeto y atención a sus necesidades.

Para tener éxito en todos estos aspectos es necesario desarrollar una infraestructura masculina, o sea, cumplir tus promesas. Si no lo haces, entonces toda la gente que te rodea tendrá derecho a pensar que eres un mamarracho y tu mujer podrá decir: "Amiga, te aseguro que él no vale nada".

Esto lo aprendí cuando tenía treinta años, después de haber sido expulsado de la universidad y de perder mi trabajo en la fábrica, justamente en la época en que mi matrimonio tocó fondo. Entonces, me ganaba la vida gracias a que tenía un auto; manejaba de ida y vuelta a los clubes de comedia en vivo. Estaba tratando de establecerme como comediante y recuerdo que hablaba conmigo mismo durante todo el camino, de ciudad a ciudad, de pueblo a pueblo, de club a club. Escribía todos mis chistes después de decirlos en voz alta, hablaba sobre la vida y la manera en que me había conducido a la situación de no tener una casa adonde regresar. Cuando estás solo en verdad puedes producir material bastante bueno. En una ocasión estuve en un viaje de tres semanas en el que mis únicas conversaciones con otros seres humanos fueron: "Hola, ¿cómo está usted?". Es decir, entraba a un club, me veía con el gerente y él me decía: "Gracias por venir, amigo. Tiene veinte minutos en el escenario y una bebida gratis en el bar". Subía al escenario, decía mis chistes, y luego, al bajar, el gerente se acercaba y me decía: "Aquí tiene su dinero, señor, hizo un gran trabajo". Me subía al auto y empezaba de nuevo. Si sólo estaba ganando setenta y cinco dólares por presentación no podía darme el lujo de quedarme en un hotel y, ciertamente, no podía gastar el dinero en llamadas telefónicas, así que juntaba lo que me pagaban, me quedaba en el auto y esperaba la siguiente presentación. Intenta pasar dos días sin hablar con alguien, te apuesto que no podrás hacerlo. Yo lo hice durante tres semanas y comencé a hacerme algunas preguntas y a responderlas. Descubrí mucho sobre mí mismo y comencé a reconocer que no era el tipo de hombre que mi esposa necesitaba que fuera, ni el tipo de proveedor que debía ser para ella, para los niños, e incluso, para mí mismo. Dicho llanamente: no estaba cumpliendo mis compromisos. Y hasta que no lo hiciera, no podría ser un hombre de verdad.

Pero no soy el único que piensa de esta forma. Cuando estuve de gira a propósito de mi libro *Actúa como dama pero piensa como hombre*, muchos hombres se pusieron de pie una y otra vez para expresar los mismos ideales y sentimientos. Nunca voy a olvidar a un caballero que se abrió paso entre el público y llegó al micrófono en uno de mis eventos. Era calvo, tenía una barba bien estilizada, un saco fino y camisa blanca. Las mujeres que habían asistido se fijaron en él; habló sobre cómo, en su última relación, llegó a sentirse avergonzado de no haber podido construir una base sólida en ella: no logró ni la carrera ni la posición financiera que deseaba. No obstante, mencionó que había estado trabajando consigo mismo, tratando de comprender de lo que era capaz y haciéndose entender que se encontraba en el lugar idóneo. "Soy un buen tipo –dijo– y como hombre, soy increíble. No tengo todo el dinero del mundo pero tengo los rasgos de un buen esposo. Si necesitan protección, yo la proveeré. Si necesitan dinero, aunque no tengo mucho, lo poco que tengo, lo llevaré a casa. Les daré mi apellido. Puedo hacer prácticamente de todo en el aspecto manual, así que si necesitan que algo se repare en casa, pueden contar conmigo para eso también. Y, además, cumplo lo que prometo y sólo prometo lo que voy a cumplir". Y cuando fue al grano, afirmó: "Lo único que me ha faltado es conocer a la mujer adecuada. Si tuviera en mi hogar esa fuerza estabilizadora, el sistema de apoyo adecuado, sería aún un mejor hombre".

Ese hombre por fin supo lo que todos llegamos a entender en algún momento: que antes de poder ser algo para quienes nos aman, tenemos que aprender a ser hombres. Y en efecto, tenemos que aprender a serlo antes de poder amar a esas personas. Pero ¿qué pasa cuando hacemos lo correcto? Entonces nos acercamos a la integración total, aquello que hace que los hombres quieran ser mejores, no sólo para nosotros mismos, sino para la gente que amamos. Yo no podría enumerar la cantidad de sucesos increíbles que he vivido como empresario, proveedor, esposo, padre y como hombre, desde el momento en que la mujer indicada llegó a mi vida. Jamás había logrado el tipo de cosas que comencé a lograr cuando Marjorie y yo emprendimos nuestro viaje. Fui invitado a los programas *Oprah* y *Ellen*, participé como corresponsal para *Good Morning America*, y recibí una invitación para dar un discurso en una iglesia. *Una Iglesia*. Antes nadie me había pedido que me presentara como orador principal en la casa del Señor. Jamás. Pero todos estos logros no se produjeron sólo gracias a mis deseos de ser mejor, sino al hecho de que alguien vio lo mejor de mí. La gente que me ha conocido por años lo puede notar. ¡Diablos!, incluso tengo una fotografía mía de 1995 en la que yo mismo puedo observarlo: la forma en que mis decisiones y estilo de vida me estaban desgastando, lo caro que me estaba saliendo no tener a mi lado a la mujer indicada que me ayudara a completar mi ciclo de hombría. El rostro me colgaba, tenía como una tonelada de sobrepeso, me veía acabado. Es difícil creer que llegué a ser tan miserable.

Pero ahora ya puse todos mis asuntos en orden. Me deshice de todos los lastres para que, en el momento que llegaran las bendiciones –incluyendo principalmente mi relación con Dios y el autodescubrimiento de lo que me hace feliz: éxito en mi carrera y una mujer fuerte y cariñosa a mi lado–, pudiera recibirlas y comenzara a hacer las cosas de la manera correcta.

Y en el presente les transmito ese mensaje a mis hijos para que ellos también sepan el secreto: primero se tiene que aprender a ser hombre. Luego se debe encontrar a la mujer indicada, la que puede sacar lo mejor de ti, hacerte una mejor persona. El matrimonio no es una sentencia de muerte, es un proceso de integración.

Mis hijos, Steve y Jason, pasaron sus exámenes y se ganaron el derecho a presentar su solicitud de admisión a la universidad la primavera pasada. Junto con ellos vamos a construir una tradición. Yo fui el primer miembro de mi familia que asistió a la universidad, pero me corrieron. Sin embargo, mis hijos fueron aceptados en Morehouse. Cuando recibieron sus cartas de aceptación, me senté en la silla de mi oficina y lloré: mis hijos van a ir a una prestigiosa universidad que tiene un rico legado y gran orgullo. No podía sentirme más agradecido. Cuando Jason me vio, la incertidumbre se apoderó de su rostro; me preguntó por qué estaba molesto, qué había hecho para hacerme reaccionar de esa forma.

"Hijo, no tienes ni idea de lo que esto significa para mí", fue todo lo que le dije. "No me resultaron convictos, no hay bebés apareciendo de la nada y, además, ustedes dos van a ir a Morehouse. Dame un momento para celebrar que hice bien las cosas. No estoy molesto contigo".

Reconozco que mi trabajo todavía no acaba, que Jason, Wynton y Steve tienen un largo camino por andar antes de convertirse en hombres por completo. Pero al menos, ya están en ese camino.

Rezo para que mis hijos realmente aprendan las lecciones que les estoy enseñando y las que recibirán en el camino, y para que con gran prontitud se conviertan en esos hombres gentiles capaces de hacerse felices tanto a ellos mismos como a sus parejas. Dicho eso, ¿cometerán errores? Claro, pero mi tarea es tratar de minimizar la cantidad.

2. LAS CITAS POR DÉCADA

Una guía para saber lo que los hombres sienten sobre sus relaciones en los veintes, los treintas, los cuarentas, los cincuentas, y más allá

Hace poco fui a almorzar con mi hija Lori, sólo ella y yo, frente a frente. No les voy a mentir: me sentí muy angustiado. Después de todo, era la primera vez que pasábamos tiempo de calidad juntos sin que Marjorie, su madre, estuviera ahí, como mariscal de campo, para dirigir el flujo de la conversación. Es decir, cuando salgo a almorzar con mis hijos varones, nos llevamos con más familiaridad, yo les digo "Búsquense algo para comer, hombre", ellos ordenan y comemos. Luego todos nos retiramos felices y satisfechos de la mesa. La idea de sentarme a solas con Lori en un restaurante me hizo afrontar ciertos temores, en especial, el hecho de que no tengo idea de cómo son las niñas de trece años, de lo que les interesa, ni de lo que traen en la cabeza. Pero ese día aprendí una lección.

"Papá, entonces, ¿cuándo puedo comenzar a tener citas?".
Ante esta pregunta yo gritaba en mi interior: "¿Quién demonios es ese muchacho cabezón que quiere sacarte a pasear? Tienes

trece años, ¡eres un bebé! ¡Lo voy a asesinar con mis propias manos!". Sin embargo, exteriormente y en tiempo real, lo único que pude hacer fue contar hasta diez, pasar saliva varias veces y parpadear unas cuantas más. Finalmente, cuando estuve seguro de que no iba a temblar ni tartamudear, me lancé.

"¿Qué edad crees que debas tener?", le pregunté en un tono ingenuo.

"Ah, pues, tal vez catorce o algo así", me contestó.

Una vez más tragué saliva con dificultad.

"Lo siento, cariño, pero nadie puede venir por ti a la casa para sacarte a pasear cuando tengas catorce años. Es todavía demasiado pronto".

"Pues, mi amiga Cat sale con chicos mayores", me dijo como si fuera cualquier cosa.

Por supuesto, en mi mente, tuve una visión de mí mismo en bata y pantuflas, afilando cuchillos, cargado pistolas y gritando desde el frente de la casa que ninguna niña llamada Cat tenía derecho a poner un pie en nuestra cuadra para tratar de corromper a mi chiquita. Vaya amiga de traserito veloz. Sin embargo, en el exterior, me mantuve tan ecuánime y mesurado como pude.

"Cuando dices «chicos mayores» –pregunté con calma–, ¿a qué te refieres?".

"A ella le gustan los chicos que tienen como quince o dieciséis años", me dijo.

Parpadeé un par de veces y tragué saliva con todavía más dificultad.

"Bien, nena", le dije entre algunos sorbitos que le di al agua helada, "Cuando lleguemos a ese momento, cruzaremos el puente".

Para cuando terminamos de almorzar, me había quedado muy claro algo: Lori ya no era una niñita y estábamos justo en medio de esa danza: el delicado jaloneo entre la atracción por el sexo opuesto a la edad adecuada, y la locura total por los muchachos. Ahora comprendo que nuestra conversación no fue un indicativo de la primera ocasión en que mi hija había pensado en chicos, citas, e incluso en el matrimonio. Porque si mi hija es igual a todas las demás niñas del planeta, entonces ya pensó hasta en los más mínimos detalles sobre cómo será su esposo, qué tipo de boda tendrá, en dónde será, de qué tela será su vestido, y si va a empujar a su esposo sobre el pastel de bodas para la mordida. Es muy probable que también ya haya pensado cuántos hijos quiere tener con ese espléndido esposo de sus sueños, qué nombres les pondrá, y si va a usar el apellido de él.

Tú sabes que así es porque eso es lo que hacen las chicas, sueñan con la frase "Y vivieron felices para siempre", que engloba: la boda, los niños, la vida de casados. Todo lo que ven, desde las películas de Disney y otras campanadas matrimoniales culturales, les indica que, aunque está bien ser inteligentes, fuertes, e independientes, su prioridad debe ser conocer, conseguir y conservar un marido. En el momento en que el reloj biológico comienza a hacer tic-tac ¡vaya!, encontrar a un hombre para establecerse con él y tener hijos se convierte en la prioridad absoluta.

Por otra parte, te puedo asegurar que con los muchachitos no funciona igual. Jamás. No hay un solo hombre que conozca que esté sentado soñando con el día de su boda. Tal vez sueñe con algunas mujeres y, para ser más específicos, lo que le gustaría hacer con ellas. Pero créeme cuando te digo: ni a los muchachos ni a los hombres les interesa el matrimonio de la forma que a las mujeres y, ciertamente, no nos sentamos a fantasear al respecto ni nos preocupamos por los relojes biológicos. En verdad, la manera en que vemos las relaciones es tan opuesta a la manera en que las ven las mujeres que resulta un enigma cómo es que siquiera se nos ocurre juntarnos. Sin embargo lo hacemos. Es sólo que nos toma un buen rato llegar a la misma página.

Para ayudarte a entender por qué, pensé que lo más justo era ofrecerte un desglose, década por década, de lo que está en la mente de los hombres respecto a las relaciones. Un tipo de guía que ayudará a las mujeres a entender lo que un hombre necesita para entrar a la frecuencia del matrimonio.

EL HOMBRE EN SUS VEINTES...

En los veintes, el hombre está comenzando a descubrir las piedras angulares de la masculinidad: quién es él, qué hace y cuánto gana. Aquí va a decidir si irá a la universidad o no, si elegirá un oficio o no, si estudiará un posgrado o no. Pero ninguna de las decisiones que tome mientras tenga veintitantos le ayudará a llegar a conclusiones reales sobre su futuro, sobre sí mismo o sobre la dirección que tomará en la vida. Básicamente, el hombre usa esta década para descubrirse a sí mismo, para sortear los recovecos antes de establecerse y hacerse a la idea de la responsabilidad que es ser esposo, padre y propietario de una casa; para entender que es un hombre que tendrá la responsabilidad no sólo de su bienestar, sino del de aquéllos a quienes ama. En la mayoría de los casos no puedes esperar que esté listo para proveerte estabilidad financiera y dirección familiar cuando todavía está tratando de descubrir cómo hacer dinero, consolidar su carrera y tener sus propios logros.

Para la mitad de la década de los veintes estará en contacto con la fuerza de trabajo que lo rodea, notará a otros hombres que ya tienen una casa, auto y que cuidan a su familia. Entonces, su reloj financiero va a comenzar a girar. Hará tic-tac tan fuerte como el reloj biológico de la mujer. En esa década escuchamos el llamado que nos convoca a probar quiénes somos, qué hacemos y cuánto ganamos, para demostrar que somos hombres de verdad. Todo lo anterior no tiene el mismo nivel de importancia que cuando estamos en la universidad, porque en ese momento el dinero no es tan importante. En la universidad todo mundo está en bancarrota y trata de encontrar su sitio en el mundo convirtiéndose en miembro de organizaciones sociales, practicando deportes, uniéndose a fraternidades, y haciéndose parte de la fibra de la vida en el campus. Pero cuando el hombre llega a los veintisiete o veintiocho años y comienza a ver a sus amigos llegar al bar en un buen auto, vestidos con trajes de marca, y sacar una tarjeta de presentación con su nombre y un impresionante título en letras con relieve, ese hombre va a querer entrar a ese juego, va a querer auto, título y dinero propios. Va a ser un momento fundamental para él. Sin embargo, no va a sentir que el matrimonio sea un movimiento necesario para llegar a donde quiere en los aspectos financiero y profesional.

De hecho, en ese viaje en el que trata de descubrir quién es, tal vez se dé cuenta de que todavía no es lo suficientemente responsable como para comprometerse a una relación. O tal vez, todos los hombres que lo rodean, desde su padre y sus hermanos, hasta sus compañeros y amigos, le dirán que necesita jugar un rato más en el campo y tratar de postergar lo más posible el "sentar cabeza" con una mujer. Nosotros sencillamente no les inculcamos a nuestros hijos varones las virtudes de ser padre y de tener una familia, jamás les decimos que llega un momento en el que tienen que acabar con toda la estupidez y que necesitan formar una relación duradera con una mujer para completar su hombría. Al hombre sólo lo guía su reloj financiero más o menos al mismo tiempo que a ti te guía tu reloj biológico, y créeme cuando te digo que su reloj no tiene ninguna alarma que le indique cuándo es hora de tener bebés.

Lo que esto significa para tu relación

Seguramente existen ejemplos de hombres que consolidan su carrera, hacen la cantidad adecuada de dinero y son suficientemente felices con su situación en la vida para establecerse en esta década, pero lo más probable es que el hombre en sus veintes no quiera tomar en serio ninguna de sus relaciones con el sexo opuesto. No obstante, lo que sí puedes hacer tú es medir el potencial. Aquí la clave radica en recordar lo que significa la palabra *potencial*: ser un hombre capaz de actuar. Un hombre que tiene potencial no se sienta en el sofá a esperar, tiene un plan muy claro de lo que quiere hacer con su vida y ya está en camino a lograr lo que dice que quiere lograr. Tiene un plan a corto plazo que tal vez incluye estudiar o ganar suficiente dinero para iniciar una compañía en la que ya ha pensado mucho y para la cual ya tiene un plan de negocio. Y además, tiene un plan a largo plazo, un plan en el que se señala cuál va a ser el lugar de su objetivo en el futuro. Si el hombre no tiene un plan, entonces no puede articular su futuro y no podrá trabajar en ninguna meta. Por lo tanto, no es el tipo con el que te gustaría quedarte.

Tú también tienes todo el derecho de analizar en qué tipo de hombre se convertirá; si es respetuoso y cortés, si te trata como te gusta que te traten y si es un ciudadano que respeta la ley. También mereces saber si tiene esperanzas, sueños y una relación extensa con Dios. Si ya tiene hijos, entonces debes investigar tú misma qué tipo de hombre es con ellos y la relación que tiene con la madre de sus niños. Asimismo, debes asegurarte de que está interesado en tener una relación monógama y de que, mientras esté contigo, se va a comportar de forma congruente con esa relación monógama. Todos éstos son indicativos del tipo de esposo que terminará siendo cuando esté listo para establecerse. Es como me solía decir mi entrenador: el juego lo vas a terminar jugando de la misma forma que lo practicaste. Si el hombre no es monógamo cuando salía contigo, entonces su corazón no tiene el compromiso moral de comportarse bien con las mujeres. ¿Qué va a suceder cuando se casen? La verdad es que lo único que cambia después de la ceremonia es el tercer dedo de tu mano izquierda. ¿Y todo lo demás? Permanece igual. Así que depende de ti aclarar lo que necesitas sentir en el aspecto mental y emocional para sentir que el hombre con el que estás ahora va a cumplir con esos requisitos.

Ahora déjame ser claro: tú tienes todo el derecho de sentar a este hombre y explicarle lo que quieres tener para cuando vayas a dar la vuelta en la esquina de los veintes y te dirijas a la avenida de los treintas. Tienes derecho a decirle que lo que aceptaste cuando tenías veintiuno y estabas en la universidad es completamente distinto de lo que vas a tolerar cuando seas una mujer de veintisiete, cuyo cuerpo tiene un tiempo limitado para tener bebés. Cuando estuvieron en la universidad, fue bueno andar de novios, ir juntos a las fiestas y tomarse de la mano en el dormitorio, pero él tiene que respetar el hecho de que tu reloj biológico está haciendo tic-tac y debe comprometerse contigo o quitarse del camino para que puedas enfocar tu energía en un hombre que sí te pueda dar lo que estás buscando. No tengas miedo, siéntalo y dile: "Mira, tengo veintiocho años y justo ahora estoy buscando una pareja porque me encantaría tener hijos para cuando tenga treinta y dos. No quiero llegar a los treinta y ocho, y estar teniendo o tratando de tener a mi primer hijo, así que ahora estoy enfocada en encontrar al hombre correcto para mí". Pregúntale qué tan grande quiere ser cuando su primer hijo (que tal vez sea un varón) comience a lanzar el balón y quiera jugar con él; recuérdale que no le gustaría ser un hombre demasiado viejo para atraparlo. Te puedo asegurar que es algo en lo que no ha pensado antes porque los hombres no se sientan a pensar en esas cosas. Las mujeres sí, ellas piensan todo el tiempo en eso y está muy bien que le hagas saber lo que necesita hacer para seguirte el paso. El hombre que de verdad te quiera, le va a meter velocidad. Te va a alcanzar y va a caminar a tu paso. No lo vas a poder cambiar porque para cuando esté saliendo de los veintes, tendrá una noción sólida de quién es como hombre. Sin embargo, sí vas a poder extraer lo mejor de sus cualidades. Si él sabe lo que te hace feliz, entonces se convertirá en quien tú quieres que sea.

El hombre en sus treintas...

En esta etapa, el hombre está comenzando a consolidar su carrera, a ganar la cantidad de dinero que quería; también está logrando por lo menos algunos de los objetivos que se había marcado en su plan maestro de vida. En cuanto comienza a medir su existencia y las cosas que quiere lograr en ella, también empieza a pensar en "sentar cabeza". Esta marcha hacia el compromiso se ve exacerbada por las visiones que comenzará a tener de la paternidad. Todo hombre empieza a considerar la imagen de sí mismo con un hijo que lo adore, que quiera imitarlo y que sea un gran atleta. Ese hombre soñará que le enseña a su hijo todos los deportes que él practicó en su niñez. Conforme el niño se haga más hábil, el hombre querrá hacer todos esos deportes con él y, entonces, empezará a entender que, entre más tiempo espere, será más difícil alcanzar esa idealizada visión que tiene de la paternidad. "¿Qué edad voy a tener cuando mi hijo tenga dieciséis años?". Para entonces, vamos a querer tener una formidable presencia física en la mente de nuestros hijos adolescentes, así como competir contra ellos en distintos deportes. Lo último que deseamos es convertirnos en padres viejos y débiles. Por lo tanto, vamos a comenzar a aceptar que tenemos los días contados para lograr que ese escenario ideal se convierta en una realidad, que cuando lleguemos a la mitad de los treintas, y más allá, tendremos menos oportunidades de jugar con ellos. Y como consecuencia vamos a comenzar a pensar con mayor seriedad en tener bebés.

Los hombres que están en sus treintas también empiezan a aceptar lo inevitable, que todas esas aventuras y correrías que tuvieron en los veintes, en los treintas se convierten en una

45

sensación de "ya, ya estuve ahí, ya, ya hice todo eso". Nos sentimos más a gusto con la noción de que nuestros días de tener citas podrían terminar pronto, porque ya probamos demasiado de lo que hay por ahí y porque la emoción de la cacería no es la misma ahora. Los juegos ya no son novedosos. Pero ojo, eso no significa que un hombre no se sienta atraído por una bella mujer como sucedía en sus veintes, o que una mujer sexy y candente no logre excitarlo. A lo que me refiero es que, después de haber tenido una cierta cantidad de relaciones, comienza a notar los patrones y a tener una idea más clara del hecho de que estar con una mujer no puede ser una experiencia ardiente y fabulosa todo el tiempo. Entonces, el hombre estará más abierto a la idea de que si conoce a la persona indicada, aquella que llegue con la menor cantidad posible de problemas y que, además, le pueda brindar apoyo, lealtad y diversión a su vida, entonces aceptará acercarse al compromiso. En otras palabras, el hombre reconocerá que no puede seguir jugando por siempre, que, en algún momento, un hombre maduro tiene que dejar de alardear en los antros. Todo esto se hace más claro aún cuando llega a un club y se encuentra rodeado por mujeres que todavía estaban en la primaria cuando él se estaba graduando de la universidad, porque algo así es como una verdadera cubetada de agua fría.

Por supuesto, todo lo anterior es algo independiente a la edad en que un hombre, en su propia mente, alcanza el éxito. Si el hombre consigue el éxito a final de sus veintes, para cuando entre a sus treintas estará más dispuesto a involucrarse en un compromiso, porque para entonces va a sentir que está en una buena situación financiera, que ya no tiene que matarse en el trabajo, trabajar horas extra, generar una infraestructura y escalar los peldaños. Sin embargo, si le lleva más tiempo alcanzar el éxito, entonces va a estar muy renuente a la idea de sentar cabeza. Todavía va a estar al pendiente de lo que los demás tienen y va a medir sus logros con base en eso. Su medida serán sus amigos de la universidad que tienen más éxito y ganan más dinero, y aquellos a quienes no les ha ido tan bien como a él. Por otra parte, si él ya tiene solidez o siente que está cerca de donde quiere estar, entonces comenzará a sentir más calidez respecto a la idea de un compromiso a largo plazo.

Tienes que tomar en cuenta que si un hombre en sus treintas está enfocado en asegurarse de alcanzar el éxito, no le pondrá atención a los logros de su mujer. No le va a importar cuántos títulos tengas y no se va a sentir impresionado, en particular, si le presentas tus logros, tu salario y tu carrera como si quisieras competir con él o como si estuvieras sugiriendo que no lo necesitas para ser feliz. Claro, eso no quiere decir que no se sienta atraído a una mujer fascinante y exitosa, es sólo que no va a estar interesado en encontrar una contraparte financiera.

Lo que esto significa para tu relación

Lo más importante que debes saber sobre los hombres que están en los treintas es que tienes que esperar que se comprometa contigo de todas las formas en que lo necesites. Si no viven juntos, si sólo salen, o si comparten un departamento y las cuentas, de cualquier manera tienes todo el derecho de esperar que él esté trabajando para desarrollar una relación a largo plazo contigo.

Para calcular su nivel de compromiso, puedes preguntarle sobre la familia. Es la mejor manera de hacer que un hombre comience a hacer cuentas. Le puedes preguntar: "¿Cómo crees que será nuestra familia? ¿Quieres un solo hijo? ¿Tres? ¿Siete?". También le puedes preguntar sobre su vida personal: "¿Te llevabas bien con tu papá? ¿Y con tu mamá? ¿Qué rasgos crees que le vas a aportar a tu paternidad? ¿Qué rasgos te gustaría eliminar?". Cuando analices cada una de las respuestas (en el Capítulo 6, "Terminemos con el juego: Cómo preguntar a los hombres las preguntas *correctas* para conseguir las respuestas *reales*", te enseñaré cómo hacerlo) llegarás al fondo de lo que piensa un hombre sobre el amor, el matrimonio y la familia. Preguntarle sobre la relación con su padre no sólo podría conducir a una plática sobre si desea ser padre, también podría indicarte qué tipo de padre cree que podría ser y qué características busca en la madre potencial de sus hijos. Toda esta información será vital para ti cuando comiences a evaluar si él es el hombre con quien quieres tener hijos y si es una pareja adecuada para ti.

También deberás poner mucha atención en el punto que se encuentra de su carrera. Si parece estar insatisfecho y todavía está esforzándose en llevar a cabo su plan, lo más probable es que no se quiera comprometer. Para saber en qué punto de su carrera se encuentra un hombre, sólo tienes que fijarte en cuánto tiempo pasa fuera del trabajo, cuánto tiempo invierte en sus pasatiempos, con los amigos, jugando futbol, disfrutando del tiempo libre. Esta información es un indicativo de cuánto tiempo tiene, de que no pasa veinticuatro horas al día, los siete días de la semana, pegado al trabajo, y que, por lo tanto, puede encontrar satisfacción en otras actividades.

Pero recuerda que aquí estamos hablando de hombres ambiguos, no del hombre que jamás trabaja con ahínco y que evita el trabajo o se sienta a esperar que las cosas sucedan, o del tipo que todavía se está esforzando. Estos hombres seguramente no van a aceptar la idea del compromiso de una manera absoluta porque todavía están en busca de quiénes son, de lo que hacen y de cuánto ganan. Significa que están demasiado ocupados con los objetivos en sus carreras para ponerle atención a cualquier otra cosa.

Sin embargo, la habilidad para conseguir que se comprometa contigo el hombre que está listo, dispuesto y que es capaz de darte lo que quieres, es sólo tuya. Tienes que estar lista a alejarte si el compromiso que esperas no llega. Hay una enorme cantidad de mujeres que salen con un hombre, se enamoran, le dan el bizcochito y esperan que les devuelva amor y devoción, además de compromiso. Y después de años de salir con ellas, ese hombre deja ver que no está interesado en el matrimonio. Tienes que dejar de esperar que él te lo haga saber, y preguntarle de frente: "¿Te vas a querer casar?". Tal vez te diga que no está listo, pero tú tienes que presionar para obtener más información. Pregúntale cuándo se imagina que se casará, si en uno, dos o tres años. Si te vuelve a salir con "no soy de los que se casan", o con que no se piensa casar "pronto", entonces no te vayas caminando, ¡sal corriendo!

Hazle saber que tu intención es casarte en cierta cantidad de tiempo y, si no quiere ser parte de ese plan, tienes que seguir adelante. Va a ser difícil para ti, lo sé, muchas de ustedes creen que él se alejará y que a ustedes les va a costar un tremendo trabajo encontrar a alguien más dispuesto a involucrarse en una relación comprometida. Pero ya lo mencioné antes y lo voy a repetir: el hombre que estás dejando atrás no es el último hombre sobre la Tierra. Sigue adelante, cometiste un grave error con ese tipo pero no hay problema. Deja de perder el tiempo y lánzate a encontrar el hombre que mereces y que te está esperando.

EL HOMBRE EN SUS CUARENTAS...

El hombre que está en los cuarentas se siente bien con esa etapa de la vida y está entrando a su mejor momento, en particular si ya es esposo y padre. Adora sus logros y está ganando más dinero, pero, al final del día, si tiene un hogar a dónde dirigirse, ya tiene el premio mayor. Eso completa su viaje hacia la masculinidad. Sin importar cuán famoso sea ni cuántos logros haya tenido, ningún logro es comparable a volver a casa a los brazos de la gente que más ama. Sus hijos están contentos de verlo, él es el héroe todo el tiempo. Adora el título de "Papi", y además está feliz de que haya una mujer que lo ame, lo apoye y lo haga sentir valioso. Ése es un momento de gran orgullo para el hombre, en particular, cuando tiene edad suficiente para entender la importancia de lo que posee. Para los cuarentas, el hombre quiere sentir que es un individuo que tiene firmeza y que cumple lo que promete, que es respetado, que es sólido y que su familia considera que puede contar con él. Algunos hombres batallan para lograrlo, pero todo se aclara cuando se convierten en cónyuges y padres. Éste se convierte en un momento en el que todo toma su lugar y en el que el hombre da lo mejor de sí mismo porque surge todo el amor del que es capaz: va a trabajar duro para asegurarse de que su familia tenga lo que necesita, va a sentirse orgulloso de presentar a su esposa como su dama y de contarle a todo mundo sobre sus hijos, y protegerá a su familia con el poder de los ángeles.

Si está soltero, entonces está soltero por una razón. Puede ser que sea desafortunado en el amor. O tal vez se comprometió con el tipo de empleos que alteran la vida –como los que implican viajar o unirse a cuerpos militares– y eso le dificultó establecerse. O probablemente sólo es ese tipo raro que se resiste a la idea del matrimonio y los hijos, incluso después de los años: un *compromiso fóbico* de buena fe. Cualquiera que sea la causa, a menos de que sea divorciado, entonces ya se resignó al hecho de que la familia tradicional (con esposa e hijos) no le sucederá (o ha decidido que no se quiere tomar la molestia de hacerlo suceder) y, por lo tanto, se siente cómodo con la idea de vivir solo. Si tiene sobrinas y sobrinos o amigos cercanos con niños, le encanta consentirlos y no siente que haga falta algo en su existencia; está satisfecho con su forma de vida, al igual que todas esas mujeres que no creen que sus vidas sean un terrible fracaso sólo porque no tienen hijos y una sortija de matrimonio. Para esos hombres, la vida es cómoda; están a gusto en el aspecto financiero, tienen rutinas cómodas y tienen un estilo de vida acomodado. Además, no necesariamente están solos porque han logrado colocarse en una situación en la que la compañía femenina que tienen no interrumpe su vida cotidiana. Ésta es una forma bonita de decir que va a ser difícil en extremo que llegue alguien y logre apartar la sensación general de comodidad a la que este hombre soltero de cuarenta y tantos ya se acostumbró. En lo personal, él cree que el compromiso va a romper con su estilo de vida tan perfectamente estable y agradable, un estilo de vida en el que él hace lo que quiere, en el momento que quiere, y sin tener que rendirle cuentas a nadie más que a sí mismo.

Eso no significa que ese hombre de cuarenta y tantos no pueda conocer a una mujer que sacuda su mundo, alguien que le haga sentir que no puede vivir sin ella. Es sólo que este hombre ha llegado a dominar el arte de tener compañía y no necesariamente está esperando cazar mujeres y tener sexo vacío de la misma manera que lo hacía cuando estaba en los veintes y los treintas. Conforme un hombre va madurando, ya no necesita tanto sexo, ya ha estado involucrado en relaciones con un grupo grande y diverso de mujeres. Es por ello que la cacería que llevaba a cabo cuando era más joven va menguando. Este hombre ya no trata de estar en los antros o en los restaurantes de ambiente deportivo buscando una jovencita candente. Este hombre se sentirá más atraído hacia alguien con quien pueda hablar, alguien con quien pueda salir a comer, asistir a algún evento, a un concierto, u otro tipo de actividades recreativas; alguien que llene sus necesidades sexuales, y que, al igual que él, no sienta la presión de convertir la relación en algo más de lo que ya es. Esta situación es bastante cómoda para él, es todo lo que los hombres desean: comodidad, paz y compañía. El individuo soltero de cuarenta y tantos años va a tener todo esto en abundancia. Él ya se las arregló para que así sea.

Claro que, si es un divorciado de cuarenta y tantos, lo más probable es que esté solo porque es precavido. Sin embargo, también estará más inclinado a la cacería porque se encuentra otra vez disponible en el mercado y se está volviendo a familiarizar con todas aquellas mujeres a las que tenía que ignorar cuando estuvo casado la década anterior. Ahora que puede probar sin repercusión alguna, va a tratar de jugar un rato. Tal vez le tome algunos años antes de volver a pensar en comprometerse de nuevo con alguien, en particular si es recién divorciado y todavía tiene algunas emociones profundas y complicadas respecto a su ex. No obstante, es verdad eso que dicen sobre el hombre que ya estuvo casado: si ya se comprometió una vez, significa que no le da miedo y que estará dispuesto a hacerlo de nuevo. Es probable que no le ponga romanticismo al asunto, pero es seguro que recuerde lo maravilloso que puede ser y, por lo tanto, no será por completo reticente a la idea de un matrimonio después de que haya sacado de su sistema esa necesidad de juguetear un rato.

Lo que esto significa para tu relación

Tendrás que pensar con más cuidado en la forma que vas a conseguir a un soltero en sus cuarentas, y, en especial, en la forma en que vas a acercarte a él. Este hombre ya pasó por ahí, ya hizo lo que se tenía que hacer y no se le puede engañar con un cuerpo agradable, pestañas parpadeantes y una actitud tímida. Claro que sabe cómo conseguir a una joven veinteañera dispuesta a pasar un par de noches con él, pero seguramente lo ha hecho tanto, que ya no le causa gran interés. Sabe que las mujeres jóvenes no han vivido nada, no han estado en ningún lugar y todavía no han tenido las experiencias adultas que él sí. En lugar de todo eso, este hombre va a necesitar alguien que se traiga algo importante, alguien interesante y que, en particular, se sienta atraída por las cosas que él ha logrado construir para hacer que su vida sea cómoda.

Esto también significa que tendrás que ser un poco más creativa para encontrarlo. No va a aparecer en un antro, en el gimnasio ni en un restaurante deportivo, que son los lugares típicos en donde el sexo opuesto se reúne cuando todavía son jóvenes, *sexiessexis* y frescos. A este hombre lo vas a encontrar en un club de jazz y estará escuchando la música en verdad. O tal vez en un evento deportivo, disfrutando del juego. En una cancha de tenis o en una liga de futbol. Como es un hombre soltero, se puede dar el lujo de asistir a estos eventos y de practicar deportes como pasatiempo, no tiene una esposa que le esté diciendo que es demasiado egoísta e indulgente por estructurar un estilo de vida que puede disfrutar.

Tienes que saber que aventarse a una relación con un divorciado de cuarenta y tantos puede ser complicado si el divorcio es reciente. Debe haber varias formas en que él todavía verá el rostro de su ex en el tuyo y eso lo hará correr huyendo. Si lleva menos de dos años de divorciado, prepárate para un rato de juego en la habitación pero no mucho más. Lo más probable es que querrá continuar en movimiento sin importar lo fabulosa que tú seas. Eso es porque los cuarentañeros no se creen nada. En los veintes este hombre creía cualquier cosa que le dijera una mujer; en los treintas, comenzó a ser un poco más escéptico. Pero al llegar a los cuarentas ya no cree casi nada que le pueda decir una mujer. Todas las mujeres son cocineras fabulosas y adoran mantener la casa limpia durante el día; en la noche usan ropa interior *sexy* y jamás se atreven a salir de casa sin maquillaje. Adoran el sexo, son fanáticas ávidas del basquetbol y del futbol, y aman el aroma a puro hasta que..., claro, hasta que se involucran en una relación y la llamativa cubierta comienza a resquebrajarse. Éste es un hombre que ya estuvo casado y que sabe que hay algunas similitudes notables en la manera que las mujeres involucradas en una relación responden a la presión, el estrés y los desafíos. Es por eso que, cuando llega la vida y trae consigo dificultades, él sabe que lo más probable es que termine en el mismo sitio al que llegó con la mujer de la que se divorció. Así que no vas a poder atraerlo con sólo decirle lo maravillosa que eres. Si te lleva con él al campo de golf y parece que te la estás pasando bien, si te lleva al restaurante deportivo y comienzas a discutir con el fanático más obstinado sobre los méritos de la ofensiva triangular de los Lakers, o si puedes opinar sobre la belleza de un sólo clásico de Coltrane contra uno de Miles Davis, entonces empezará a creer que compartes los mismos intereses que él y que eres un tesoro que se debe atrapar.

Cuando él se haya alejado un poco del dolor de su divorcio y comience a sentirse solo, comprenderá que el sexo con una mujer de cuarenta y tantos tiene, de hecho, el potencial para convertirse en una experiencia mucho más interesante que el sexo con una veinteañera. Él está consciente de que la perfección física no siempre es lo que aparenta y deseará tener compañía más que nunca antes; deseará estar con aquella mujer que se sienta cómoda con su lugar en la vida y también con el lugar que él ocupa.

EL HOMBRE EN SUS CINCUENTAS Y MÁS ALLÁ...

El hombre en los cincuentas está tratando desesperadamente de consolidar su legado. Dicho llanamente, está viendo el video y tratando de entender cómo mantendrá a su familia cuando ya no trabaje o cuando se vaya de esta Tierra. Está pensando en términos de seguridad como no lo había hecho nunca antes. Lo hace al mismo tiempo que el nido se vacía, cuando envía a los hijos a la universidad o a iniciar sus nuevas vidas, y cuando sabe que ahora podrá disfrutar a su pareja de una manera que no ha podido desde que tuvieron hijos. Está más contento con la nueva paz que ha encontrado junto a su dama, y ya se estableció en la vida que construyó. No obstante, todavía se preocupa de proteger a su familia, no con fuerza bruta, sino asegurándose de que podrán sobrevivir sin él.

Esta actitud mental se ve exaltada por los cambios constantes en su cuerpo. Se preocupa al respecto porque en los cincuentas el cuerpo comienza a traicionarlo. La presión arterial se incrementa, así como los niveles de colesterol. La próstata le da problemas y tiene dolores y molestias que no había sentido antes. Todo esto lo hace mucho más consciente de su mortalidad y lo hace comprender que debe cuidarse. Por supuesto, esto resulta más sencillo cuando tiene una mujer junto a él. Es muy difícil vivir de la forma adecuada, comer bien y mantenerse alejado de los problemas si no hay una presencia femenina que lo toque en el hombro y le recuerde por qué es mejor que no se coma ese corte de carne y el pastel de queso, y por qué debe consumir más vegetales, hacer más ejercicio y mantenerse retirado de los problemas, no sólo por él, sino por aquellos a quienes ama.

Lo que esto significa para tu relación

Este hombre será mucho más receptivo a la idea de tener junto a sí a una mujer para amarla, no sólo de la forma en que un hombre ama –protegiéndola, proclamando su amor por ella y brindándole lo que necesita–, sino amándola también porque sabe que una mujer dulce, protectora y cariñosa incrementará sus expectativas de vida por lo menos una década más. Todo esto lo va a situar en una mejor posición para comprometerse con alguien de una manera más profunda de lo que lo hace un hombre en sus treintas, o incluso en sus cuarentas. Básicamente, este hombre va a buscar a alguien con quién envejecer. Es el momento en el que se fija en la otra cara de su fuerza laboral, la cual se mueve a toda velocidad, y comienza a imaginar cómo será hacer todo lo que siempre quiso hacer: viajar, tener tiempo libre y pasar tardes sin preocupaciones en compañía de su pareja, quien también estará feliz de establecerse al fin y de disfrutar del resto de su vida.

Por favor trata de entender que estas etapas del desarrollo de la hombría no son definiciones inamovibles de lo que son los hombres en sus distintas edades. Siempre hay excepciones a la regla. Lo que acabo de describir es una generalización de lo que sucede en la vida de los hombres conforme pasan de una década a otra. Son sucesos que yo mismo he atravesado, y ciertas experiencias que algunos amigos han compartido conmigo a lo largo de nuestra amistad.

Deseo sinceramente que uses esta información como una guía informal para entender qué es lo que piensa tu hombre respecto a su relación contigo. Es un entendimiento que podría ayudarte a conseguir el tipo de amor que quieres, necesitas y mereces.

3. ¿LAS MUJERES SON INTIMIDANTES?

Mitos vs. hechos

Conforme el éxito de *Actúa como dama pero piensa como hombre* crecía, también aumentó la fiebre de especiales de televisión, periódicos y artículos de revistas en donde se preguntaba por qué para las mujeres solteras que son inteligentes, exitosas, hermosas y, según ellas, casi perfectas, es tan difícil encontrar novio y, claro, ni hablar de un marido. Las mujeres solteras más aguerridas invariablemente declaraban sentirse muy felices de estar solas, o señalaban a los hombres como culpables de su soltería: "Estoy sola porque los hombres se sienten *intimidados*".

Lo siento mucho, pero, tal como lo indica el título del libro, correré el riesgo de brindarte la información "derecha y sin excusas": en la mente y en el corazón de la mayoría de los hombres, la noción de que un tipo se siente "intimidado por tu éxito" es sólo un pretexto, una manera muy conveniente en la que algunas mujeres justifican el hecho de que se encuentran solas. Es algo difícil, pero es la verdad. Cuando nosotros, los hombres, nos alejamos de las mujeres y platicamos en el campo de golf o en una cancha de basquetbol, o mientras disfrutamos de un puro en un bar, nos reímos, sacudimos la cabeza y nos preguntamos en voz alta quién diablos les habrá metido esa idea en la cabeza. Porque, en realidad, a los hombres, las mujeres fuertes, independientes y capaces, no les molestan en lo absoluto. Lo que nos incomoda es sentir que no somos necesarios. Aunque no lo creas, hay una diferencia entre esos dos conceptos.

A pesar de todo, el mito de "intimido a los hombres" continúa existiendo, así como otras tantas nociones que tienen que ver con mujeres que son independientes en el aspecto económico o emocional. Es por ello que ahora voy a abordar estos temas; creo que si las mujeres llegan a entender en verdad cómo funciona la mente de un hombre cuando se enfrenta a una mujer fuerte, independiente y exitosa, podremos tener un avance en nuestro diálogo.

Mito 1

"A los hombres no les agradan las mujeres que hablan de su éxito económico".

La verdad

Si tienes un título universitario o dos, un auto costoso, un lugar agradable para dormir, y un cheque de nómina que haría que cualquier Director General mencionado en Fortune 500 se quedara boquiabierto, pues a nosotros nos da mucho gusto. Sí, leíste bien. *Nos da gusto.* El hecho de que una mujer haya tenido logros por sí misma y tenga una vida espléndida, es algo que no nos molesta, no nos aleja, ni representa un fuerte golpe para nuestra autoestima o para nuestro ego.

Sin embargo, si defines tu vida con estos parámetros, si vives y mueres por ellos, si lo primero que dices cuando te presentas con alguien es el modelo y el año de tu auto, el precio en que está valuada tu elegante casa y la calificación de tu historial crediticio, y después lo rematas con una declaración como: "¡No necesito que un hombre se haga cargo de mí!", ¿cómo crees que vamos a interpretarlo?, pues como "Aquí no se requieren tus servicios". Entonces, nosotros tomaremos nuestros servicios y nos iremos a algún otro sitio para permitirte continuar trepando los peldaños de la escalera corporativa. Te adoras sola, crías a tu hijo sola, vas de compras sola (o con tus amigas), siempre tomas vacaciones sola (o con tus amigas). Y siempre regresas a casa, sola. Te diré que estar solo no tiene nada de malo; hay muchas mujeres que están solas, sus vidas son plenas y tienen muchos amigos y grandes experiencias que no incluyen necesariamente una relación de compromiso con el sexo opuesto.

No obstante, por cada mujer que dice estar feliz sola, hay un montón más a las que en verdad les angustia la idea de no llegar nunca al "y fueron felices para siempre" que creyeron que estaría esperándolas en cuanto obtuvieran la carrera, el dinero y el estatus por los que se esforzaron tanto. Son mujeres que en verdad creen que están solas porque los hombres se sienten intimidados o celosos de su éxito.

El asunto es así: para la mayoría de los hombres es muy obvio que las mujeres se pueden cuidar a sí mismas. Si a tus padres les preocupaba aunque sea un poco tu bienestar, lo más probable es que te hayan enseñado la importancia de tener una educación sólida, de elegir una buena carrera, y de cuidar de ti misma, independientemente de si hay, o no, un hombre en tu vida. Los hombres esperan que tú cumplas este compromiso que tienes contigo y que estés haciendo todo lo necesario para ser la mejor persona posible. También sabemos que, tanto para los hombres como para las mujeres, resulta muy natural compartir la información sobre sí mismos que más les enorgullece.

Lo que en realidad nos desagrada es cuando las costuras de tu personalidad son tan ceñidas que no queda ningún espacio para nosotros y tampoco un papel que podamos desempeñar en tu vida. Nos molesta que no nos dejen un espacio en el que podamos ser hombres. Como ya lo mencioné en muchos lugares, así como en *Actúa como dama pero piensa como hombre*, la forma en que un hombre le demuestra su amor a una mujer es proveyendo lo que necesita, protegiéndola y proclamando su amor por ella, es decir, otorgándole el título de novia, dama o esposa. Ahora bien, si tú le dices a un hombre que no necesitas que te provea lo necesario porque tienes el dinero suficiente para pagar tus cuentas y darte el estilo de vida que te gusta, y que no necesitas su protección porque tu sistema de alarma y Jake, tu perro pitbull, pueden proteger tu mansión, entonces, ¿qué es lo que crees que le haría desear proclamar el amor que te tiene?

Yo entiendo que no todas las mujeres les restriegan a los hombres en la cara sus títulos universitarios, sus salarios y sus logros materiales para jactarse de que no los necesitan. Sé que también hay una noción muy difundida de que las mujeres deben enumerar sus logros para no parecer "necesitadas" ante los hombres y para que, de esa forma, los hombres no se sientan perseguidos por su dinero o su riqueza material. Pero la cuestión es que todos necesitamos de alguien y todos tenemos vacíos que queremos llenar: deseamos compañía, una familia, alguien que nos ayude a sentirnos seguros, alguien con quien podamos compartir nuestros sueños, alguien que funja como un modelo a seguir en casa, alguien que esté dispuesto a escuchar nuestros problemas y que tal vez pueda sugerir cómo solucionarlos. La gente incluso necesita a alguien para realizar tareas como podar el césped, cuidar el auto y pagar las cuentas. ¿Y sabes qué? A nosotros no nos molesta que ustedes nos necesiten. De hecho, eso sólo le molestaría a un hombre que, por alguna razón egoísta, no desea cubrir tus necesidades. El hombre que está genuinamente interesado en ti, quiere tomar tu mano y brindarte un hombro en el que te puedas apoyar en los tiempos difíciles, ese hombre quiere gastar su dinero para asegurarse de que tú tienes todo lo que necesitas, quiere asegurarse de que nadie te lastime jamás, quiere ser un buen padre para tus hijos, quiere verte triunfar porque sabe que eso repercutirá en el bienestar de la familia y porque *sabe* que triunfar te hará feliz. A nosotros no nos interesa crear a una mujer, nosotros queremos que tú te desarrolles y te completes a ti misma. Pero si te la pasas diciendo que no nos necesitas, bien, pues entonces tal vez eso sea cierto.

Tampoco tienes que fingir que eres menos de lo que eres, o que eres estúpida. Por supuesto que puedes enorgullecerte de tus logros y compartirlos con los hombres, pero qué tal si le pones un poquito de verdad al asunto. No hay nada malo con presentar tus logros y luego hablar un poco sobre aquello que deseas, pero que no tienes: "Estoy muy feliz con mi situación en la vida, pero estoy buscando a un hombre que me ayude a sentirme completa. Estoy a la mitad del camino del lugar en donde quiero estar, pero tengo el sueño de formar una familia con un esposo que se convierta en mi pareja en la vida". Compartir tu visión con un hombre y ser muy clara sobre lo que deseas de una relación, sin devaluarlo a él, en verdad requiere de mucho valor, de mucha fortaleza. A un hombre le va a gustar involucrarse en una relación así. Eso fue exactamente lo que hizo un amigo mío cuando una mujer que lo atraía, le dijo con toda franqueza que estaba buscando a "el hombre" con quien pasaría el resto de su vida. Se conocieron en un banco, él era ejecutivo bancario y ella era la clienta: la química entre ellos fue fulminante. Ella le sonreía en cándido flirteo y él trataba de entablar una plática, aunque fuera breve, para mantenerla un rato más ahí. Después de varios meses de juguetear con la idea de invitarla a pasear, mi amigo finalmente se aventó: ella aceptó su invitación y, durante un café y un pastelillo danés, lo volvió loco. Él ya sabía que ella tenía solidez económica porque, después de todo, era su banquero. En aquella cita también se enteró de que ella dirigía su propia empresa. Después de haber trabajado largo tiempo y ahorrado bastante dinero gracias al empleo que tenía en una de las compañías de la lista de Fortune 500, ella reunió algunos clientes y toda la experiencia que había acumulado, y fundó su empresa. Después de contarle todo eso, ella le dijo con toda exactitud lo que estaba buscando: "Soy una buena mujer, tengo una vida maravillosa, familia y amigos, pero sé bien que quiero un hombre a quien pueda amar y que me corresponda con su amor. Encontrarlo sería lo mejor que me podría suceder". También le explicó que tenía un poco más de cuarenta años y que no estaba tratando de casarse con un millonario, sólo quería un compañero constante y fiel con quien pudiera construir una vida sólida.

Todo lo anterior pegó en lo más profundo de la mente de mi amigo. Tal vez él no estaba en posición de comprarle la casa más grande de la cuadra, de añadirle unos cuantos ceros a su cuenta bancaria o de tomar decisiones que tuvieran un impacto en su carrera, sin embargo, sí se dio cuenta de que en la vida de ella había un espacio en el que él podía ser un hombre. Podía proveerle lo necesario, protegerla y brindarle todo el apoyo que ella requeriría mientras construían una vida juntos. A mi amigo no le tomó mucho tiempo convertirse en el hombre que ella necesitaba, el hombre que había estado buscando. Tras una década juntos, su relación aún continúa siendo muy sólida.

Mito 2

"Los hombres no se acercan a mujeres fuertes porque se sienten intimidados".

La verdad

Las mujeres fuertes no nos intimidan. Sentirse intimidado es sinónimo de tener miedo y, aunque los hombres le tememos a muchas cosas, eso no incluye a las mujeres. Ustedes no nos pueden patear el trasero y, fuera de eso, no hay mucho más que temamos que nos puedan hacer. Cuando las vemos de lejos, no estamos contando los ceros de sus cuentas bancarias y, ciertamente, tampoco estamos tratando de imaginar cuál es su empleo ni su puesto en la empresa. Esos datos no nos interesan. Al principio, ni siquiera nos importa cuántos niños tienen, ni cuáles son sus sueños y ambiciones. Al principio, sólo queremos hablar con ustedes. Pero eso sólo lo vamos a hacer si nos hacen sentir que no nos tratarán con arrogancia si nos acercamos. Ustedes tienen que apreciarnos más: podemos ser mucho más ingeniosos de lo que parece, te lo puedo asegurar.

Los hombres somos cazadores por naturaleza; depredadores que, si no estamos buscando algo serio, nos iremos tras la presa fácil. Para una mujer que se viste para verse provocativa, que se hace notar con el volumen de su voz, que se toma un trago tras otro, que baila sugerentemente y que nos envía la señal de que está lista para lo que sea, no hay ningún problema en bailar con un montón de tipos que no están ni lejanamente interesados en ella. Por una parte, será el gran hallazgo para el hombre que sólo va de pesca, el hombre que está buscando a una mujer a la que pueda usar y volver a arrojarla al agua. Este tipo de mujer es muy fácil de detectar. Por otra parte, los hombres también podemos detectar con facilidad a la mujer que lo tiene todo, además de actitud de sobra y que no teme echar mano de eso.

Los hombres no somos estúpidos como ustedes lo creen, te lo aseguro. Nosotros no corremos hacia ustedes, primero las observamos. Nos fijamos en cómo le hablan a la señora de la cafetería en la oficina, nos fijamos si le hablan con rudeza, si no le dicen "gracias" cuando ella les devuelve el cambio y envuelve su sándwich. Nos fijamos con quién almuerzan, notamos cuando sólo se sientan con cierto tipo de personas y evitan a todo aquel que no tiene cabida en su descripción de lo que consideran "éxito". También percibimos que, cuando un tipo se acerca a ustedes, le arrojan esa vibra de "estás muy por debajo de mí, ¿qué diablos haces aquí?". Antes de recorrer todo el camino hacia ustedes, podemos definir varios elementos, buscamos las palabras adecuadas para lograr que sonrían. Si sentimos que no van a sonreír, que nos van a lanzar su vibra de "¿qué diablos haces aquí?", entonces ni siquiera intentaremos acercarnos. Sólo llegaremos a la conclusión de que no necesitamos involucrarnos contigo.

Si los hombres no se te acercan, tal vez no sea porque eres intimidante, sino porque están demasiado ocupados enfocándose en una mujer que no es fría ni insensible, aquella que sonríe, que se siente cómoda consigo misma y que parece estar pasándola bien, incluso cuando está sentada sola en una reunión.

Si una mujer tiene una apariencia invitante, entonces nos acercaremos. Pero si luce como una mujer fría que va a responder con hostilidad y desinterés a nuestros intentos de acercarnos, entonces sí, claro, los hombres no querrán hablar con ella. ¿Quién necesita broncas?, ¿quién quiere broncas?

Mito 3

"Los hombres no pueden tener una relación con una mujer que gana más dinero".

La verdad

Un hombre que gana menos dinero que tú no la va a agarrar contra ti. La va a agarrar contra sí mismo.

Primero que nada debes entender que los hombres pueden perfectamente tener una relación seria con mujeres que ganan más que ellos. En la época actual, en que la economía tiene cierto flujo y los hombres están perdiendo sus empleos, las mujeres se están quedando con la responsabilidad de ser las mayores –y a veces las únicas– proveedoras en el hogar. Esto ha provocado que haya más parejas de este tipo que antes. Pero, claro, para ningún hombre es fácil aceptar esta situación y, por lo tanto, se requiere de estrategias mucho más complejas para que una relación así funcione. Los problemas que él tiene para abordar esta desigualdad económica no están relacionados contigo sino con él. Él no se siente ni intimidado ni furioso contigo por tener éxito; más bien se siente avergonzado de no crecer a la par tuya. Si él no está logrando avances financieros o un crecimiento en términos de estatus y posición, si no está logrando nada específico o siente que no está cumpliendo su promesa como hombre de proveer a su familia, entonces tendrá dificultades para encontrar su lugar en la ecuación, en particular si la situación implica cambios que él no esperaba.

Digamos que a ti te dan un ascenso y ahora recibes más llamadas, tienes que contestar más correos electrónicos y viajar más, mientras él está atorado en la casa tratando de mantener a los niños callados mientras tú trabajas. O tal vez los lleva a la escuela y los recoge porque tú no puedes hacerlo de manera regular como solías hacerlo. Si esta situación es nueva para él y los cambios llegaron sin discutirse ni llegar a un acuerdo sobre cómo se dividirían de ahora en adelante las responsabilidades familiares y del hogar, a tu hombre le va a desagradar su nueva posición y va a despotricar por ello. Pasar de ser el hombre de la casa para jugar a ser el "señor mamá", le va a afectar muchísimo. Cuando operas en contra de lo que se percibe como el orden natural de las cosas, sientes que estás siendo forzado a interpretar un papel que no corresponde con las habilidades que posees. Y si tu cónyuge no reconoce la situación que estás atravesando o si tú no accediste a trabajar de esa manera, entonces va a ser muy difícil aceptar la situación. Si tu hombre no levantó la mano y estuvo de acuerdo en ser el señor mamá, entonces prepárate para cierto grado de rebelión. Algunos hombres pueden llevar a cabo este ajuste, pero hay otros que no. O al menos no pueden hacerlo sin tu ayuda.

Aquí es en donde la comunicación cobra gran importancia. Va a ser muy importante tener claridad en cuanto lo que necesitan hacer para trabajar en equipo y mantener intacta a la familia. El tono se vuelve muy relevante. Siéntate y habla con él como la dama que eres. Acepta que la dinámica financiera se ha modificado de manera inesperada. Señala que es muy distinta a lo que habían tenido que enfrentar antes en su relación, pero que lo más importante es la dinámica entre tú y él, y que ambos deben estar dispuestos a hacer lo necesario para lograr que las cosas funcionen. Repítele que ustedes no están en una especie de competencia para ver quién tiene el mejor sueldo, que el dinero que tú aportas no es sólo para ti sino para el equipo, para la familia. Explícale que todos en casa se beneficiarán si trabajan juntos para lograr que el dinero siga fluyendo como el agua, sin importar de qué llave salga más agua. Anímalo, dile que comparten el nombre familiar, junto con los niños y que, sin lugar a dudas, todavía lo consideras el temerario líder y la cabeza de la familia. Ofrécele motivación y apoyo; muéstrale tu aprecio. Va a ser un largo recorrido y tienes que ayudarle a lidiar con ello.

Claro que habrá algunas de ustedes que no estén dispuestas a aceptar esto, que sientan que, al ponerlo a él en un pedestal, se estarán devaluando a sí mismas. Pero entonces debo preguntarles: ¿acaso su relación no lo vale?, ¿y los sentimientos de él?, ¿en verdad es horrible aumentar la autoestima del hombre que amas?, ¿no te gustaría que él hiciera lo mismo si tú estuvieras en esa difícil situación? Yo creo que sí te gustaría.

Él va a poder afrontar los cambios siempre y cuando tu actitud y tu tono no lo devalúen. El éxito que tienes fuera de casa no se va a traducir en un éxito en el hogar si aprovechas tu superioridad económica como un pretexto para hablarle y tratarlo como si fuera tu empleado o tu hijo. Los hombres no son inflexibles, el secreto está en la forma en que les propones los planes.

Mito 4

"Los hombres esperan y quieren que las mujeres fuertes e independientes bajen sus estándares o que, en su caso, aprendan a sentirse cómodas con su soledad".

La verdad

A los hombres no les interesa qué modelo, qué tipo o qué especificaciones prefieres que tenga el hombre que te gusta. Si estás buscando una pareja que, al igual que tú, tenga un par de títulos universitarios, un salario alto que sea parte de una carrera que avanza a paso veloz, una mansión en la colina y un precioso auto para llevarte a restaurantes costosos, ése es problema tuyo. Para nosotros, tus expectativas no tienen un impacto en nuestra personalidad. De hecho, aplaudimos tu empeño en encontrar el tipo de hombre que quieres. Pero si en realidad no hay a tu alrededor un montón de tipos que llenen ese perfil esperándote, entonces tampoco te pongas a gritar desde la cima de una montaña que no hay suficientes hombres "buenos", porque sí los hay. Lo que realmente nos saca de nuestras casillas es que las mujeres fuertes, independientes y excesivamente selectivas se nieguen a aceptar que tal vez, sólo tal vez, una de las mayores razones por las que se encuentran solas es que limitaron su inventario de citas porque prefirieron salir con individuos mucho menos disponibles, que con otros tipos que son perfectamente adecuados.

Para nosotros esto se parece un poco como cuando teníamos doce años y pensábamos en lo que queríamos ser cuando fuéramos grandes. Le decimos a todo mundo que queremos ser los jugadores centrales de los Yankees de Nueva York. A pesar de que hay mil millones de personas que quieren ese empleo, sólo unos cuantos de nosotros podrán realmente obtenerlo y, en algún momento, nos damos cuenta de que nosotros no seremos los elegidos. Como consecuencia, ajustamos nuestras expectativas y producimos un objetivo profesional más razonable y posible de alcanzar.

Si aplicas esta lógica en tu vida amorosa, podrías recibir algunos beneficios. Si sientes que la maestría que estudiaste, tu cuenta bancaria y todos tus demás adornos te hacen una buena jugadora para el campo central, es decir, para salir con la crema y nata de los solteros, los hombres guapos, atléticos, inteligentes, altos, educados y ricos, entonces lánzate al ruedo. Pero si pasas desapercibida en ese círculo una y otra vez, no te amargues. No hay nada peor ni nada más molesto para un hombre que escuchar a un viejo con sólo unos cuantos pesos y un sueño regodearse en sus historias sobre cómo podría haber sido, debería haber sido y cómo se habría convertido en el mejor jugador del campo central para el equipo de los Yankees, si tan sólo alguien le hubiera dado una oportunidad. Este hombre está en bancarrota y vive amargado porque nunca pudo ver el panorama completo y se negó a usar sus demás opciones.

Los hombres pueden entenderlo: tú trabajaste con ahínco para llegar hasta el sitio en que estás, y sientes que necesitas a alguien que haya trabajado de la misma forma, alguien que haya alcanzado el mismo tipo de educación y estatus que tú, alguien que tenga experiencias y objetivos similares. Pero existen muchas maneras distintas de trabajar duro y de esforzarse, y los hombres no van a tolerar que las mujeres desprecien sus nociones sobre el éxito y que las sustituyan con esa manera tan angosta de elegir los logros que definen a una persona. En esencia, estás buscando a un hombre que sea tu gemelo en el aspecto financiero y educativo. Eres excepcional de cierta forma y, por lo tanto, deseas que él también lo sea. Pero al hacer eso, estás limitando tu inventario de opciones para conseguir una pareja, a un número muy reducido de hombres. Esto no tendría nada de malo si los hombres de ese número reducido de opciones también estuvieran buscando a su gemela en los aspectos financieros y educativos; pero lo más probable es que no lo estén haciendo porque ésas no son cualidades que los hombres tienden a buscar en una pareja. Los hombres aprecian cualidades que pertenecen a un grupo mucho más amplio de opciones: alguien que sea atractiva, cariñosa, gentil, inteligente (lo suficiente), estable, alegre, divertida, y que no sea competitiva. Esos rasgos pueden conducir a un hombre a otro grupo de mujeres completamente distinto, a mujeres que pueden aportar algo muy diferente a lo que tú podrías o estarías dispuesta a contribuir.

Lo que la gente dice, en particular los hombres, es que sería más útil que ajustaras tus prioridades para enfocarte en los rasgos representativos de una relación verdadera, una relación construida sobre bases sólidas.

Tal vez un hombre que tiene un empleo como obrero, que maneja un Taurus, es atractivo, respetuoso, digno de confianza y le gusta pasar tiempo con su familia, no pueda ayudarte a lograr tus aspiraciones financieras más atrevidas, pero, ¿acaso no es ése el tipo de hombre que puede aportar lo necesario para construir una buena relación y una vida juntos? Y digamos que el tipo que maneja una Range Rover, que tiene una impresionante colección de títulos académicos y un salario que cubre cinco veces tu cuota financiera y educativa, no es una persona confiable ni honesta y, ah sí, imaginemos que, además, es terrible en la cama. ¿De todas formas llenaría el perfil que tienes del hombre perfecto?

Hay muchos hombres buenos que están preparados y dis-puestos, y que son capaces de hacer lo correcto si tan sólo se los permites. Claro, sabes que tienes todo el derecho de evaluarlos, de obtener lo que deseas y mantenerte firme hasta lograrlo. Sólo recuerda que tú eres quien toma la decisión de limitar tu inven-tario de opciones. Si terminas sola, será tu decisión. El hecho de que tú no tengas pareja, no nos hace sentir mejor a nosotros, pero ciertamente, tampoco queremos que nos culpes de ello.

SteVe Harvey   Al grano y sin rodeos

Mito 5

"Los hombres que salen o se casan con mujeres independientes son flojos y sólo buscan una mami cariñosa que los cuide".

La verdad

Por supuesto, por ahí hay algunos tipos que se aprovechan de las mujeres que tienen mucho dinero. Es parte de la naturaleza humana. Sin embargo, ése no es un rasgo que los hombres consideren remotamente digno. De hecho, este tipo de comportamiento contradice a cada una de las células de nuestro cuerpo. Comportarse de esa forma es admitir la debilidad y el fracaso ante una mujer, y para un hombre eso es lo peor que puede haber en el mundo. Nosotros queremos que las mujeres nos consideren fuertes y capaces, en particular las mujeres a quienes amamos. A los hombres nos crían para creer e interiorizar la antiquísima noción de que, supuestamente, debemos ser protectores y proveedores. Cuando un hombre tiene esa mentalidad, en realidad no hay mucha posibilidad de fantasear sobre una princesa adinerada que desciende súbitamente hasta nosotros y se hace cargo de nuestra subsistencia. Una cosa es aceptar obsequios de una mujer a quien le gusta darlos, pero si le está ayudando a un hombre a conseguir sus alimentos, le provee un lugar para dormir, le compra ropa, y hace todo esto para ayudarle a sobrevivir porque él no podría hacerlo por sí solo, entonces él no se quedará mucho tiempo con ella. ¿No me crees?, ¿entonces por qué crees que hay tantas familias con un solo padre y otras tantas en las que el padre no tiene presencia constante? Algunos hombres se van porque no pueden soportar estar en una casa si no pueden dar lo que necesitan su mujer y sus hijos. Es una desgracia que estos dos factores estén interconectados, pero un hombre no se puede ver a sí mismo como un buen padre si no es capaz de proveer a su familia. En nuestra mente, en la de ustedes, y en la mente de la sociedad como colectividad, ambos elementos –la paternidad y el ingreso– están vinculados inexorablemente. Así que si él no provee, lo último que deseará es que alguien –en particular su mujer– lo acuse de no ser un hombre. Como resultado, se irá de casa antes de aceptar el papel de protegido de una "mami cariñosa".

No obstante, esto no significa que los hombres realmente no estén dispuestos a considerar la posibilidad de que les ayudes. El hecho de que estés lista para abrir tu corazón y a realizar un sacrificio personal para que nosotros podamos tener algo mejor, no nos parece inadmisible. Ciertamente, este tipo de actitud nos habla muy bien del tipo de mujer que eres, del tipo de pareja que podrías ser en caso de que decidamos unirnos. Te puedo asegurar que Marjorie me ganó con su disposición a la generosidad.

Cuando atravesé la transición entre ganar mucho dinero y luego no ganar absolutamente un quinto, ella estuvo ahí. Acababa de renunciar a mi programa de radio en Los Ángeles, y mi programa televisivo, *Steve Harvey's Big Time*, había sido cancelado. Para empeorar la situación, era verano, una época bastante difícil para las giras de comedia, así que, de junio a agosto, no iba a ganar nada de dinero por concepto de giras. Además, tenía las manos atadas por una demanda de división de bienes con mi ex esposa y me había mudado a Nueva York sin tener en verdad un lugar para establecerme. Marjorie se dio cuenta de todo lo anterior pero no dijo: "¿Sabes qué? Creo que ya no me voy a involucrar contigo". En lugar de eso, esta mujer, quien es extremadamente fuerte e independiente, quien vivía en su propia casa y, además, ayudaba a manejar el exitoso negocio de su familia, me ofreció su hogar. Literalmente me llevó a su casa en Memphis y dijo: "Steve, aquí podemos vivir".

Cuando miré a mi alrededor, pensé: "Bien, mmm, este sitio es bastante lindo". Ella había decorado su casa con muy buen gusto y, además, era una excelente ama de casa (el lugar estaba inmaculado), pero el espacio era bastante pequeño y no tenía ni una reja de entrada. Yo seguía tratando de explicarle que, hasta ese momento, tras varios años de esfuerzo, me había ido bastante bien en el aspecto profesional y que tenía toda la intención de que me fuera aún mejor, de seguir avanzando a pesar de estas dificultades, y que una casa sin reja de entrada podía ser algo peligrosa para una celebridad. Pero a ella no le importó nada de lo que dije, continuó diciéndome: "No me tienes que decir todo esto". Ella tenía su propio dinero y sus propios problemas, pero estaba saliendo adelante y estaba dispuesta a compartir su dinero conmigo, siempre y cuando yo llevara al hogar lo que ella requería: que actuara como un padre para sus hijos, que fuera un esposo fiel, que fuera la pareja con la que ella pudiera compartir sus sueños sobre el futuro, y que pudiera hacerla sentir segura.

Para Marjorie, lo más importante era la familia y la calidad de la relación; con esa información, yo pude detectar cuál era su posición ante la vida y darme cuenta de que lo que ella deseaba era algo mucho más grande que una cuenta en el banco.

Toda la desmitificación anterior tuvo como objetivo ayudarte a entender que ha llegado el momento de despedirse de esa noción de que las mujeres fuertes e independientes no pueden encontrar pareja porque los hombres le temen a su poder. No les tememos a ustedes, al contrario, aplaudimos su éxito. No buscamos que se hagan cargo de nosotros y tampoco nos molesta que ganen su propio dinero. En verdad queremos que sean felices y el hecho de que estén solas no nos hace sentir bien. No obstante, nos preocupa la actitud, su actitud respecto a los bienes materiales, su actitud hacia otras personas, su actitud hacia nosotros cuando tocamos fondo y cuando atravesamos algún tipo de transición.

4. No todos los "papitos cariñosos" son tiernos

Sé muy bien por qué es tan sencillo caer en la trampa. En tu puerta hay un tipo con las manos llenas de obsequios: digamos que trae el bolso Fendi más reciente, un par de zapatos Christian Louboutin que van bien con el candente y entallado vestido que colocó sobre tu cama el mes pasado, o un par de aretes de diamante del tamaño de un puño y una pulsera que hace juego, y que brilla tanto que hace que tu muñeca parezca una constelación. O bien, digamos que son obsequios mucho más prácticos, como un cheque para cubrir la renta de un mes del condominio en donde pasan tiempo juntos, o el pago del Chrysler que has estado manejando por toda la ciudad, o una cita con ese estilista que te encanta y que te pone las extensiones justamente como a ti ¡y a él! les gusta, o que te pinta las luces que todas las mujeres de la oficina envidian. ¡Diablos!, tal vez y hasta te trae algo tan básico como un par de bolsas de víveres o dinero para el almuerzo de los niños.

Cualquiera que sea el obsequio, estás feliz de recibirlo, ¿no es cierto? Porque te permite tener algo de dinero en el bolsillo y, lo más importante, porque te hace sentir que le importas a él, que quiere que te veas magnífica, que vivas con comodidad, que comas bien y que estén cubiertas algunas de tus necesidades, incluso ciertos caprichos. ¿A quién no le gustaría involucrarse con alguien así, en particular si el tipo te trae estos obsequios y te brinda algo que parece ser afecto genuino?

Pero ¿sabes?, hace algún tiempo a este tipo le llamaban "papito cariñoso". Un "papito cariñoso" es un individuo tierno que te cuida como si fuera tu padre: te da ropa, alimento y refugio. Te lo entrega con una dulzura que no tiene punto de comparación, pero lo hace a cambio de que le entregues algo que ningún "papito" esperaría de sus verdaderas hijas. El lema del papito cariñoso es: si tú eres cariñosa con él, él va a ser cariñoso contigo.

En estos días, el papito cariñoso también recibe otro nombre: *patrocinador*. No importa si a este hombre le llamas "papito cariñoso" o "patrocinador", nosotros, los hombres, consideramos que es sólo un jugador y que ustedes, como mujeres, están dispuestas a prostituirse con él sin siquiera darse cuenta. Sip, ya lo dije.

Claro que, con seguridad, te está dando algunas cosas muy bonitas, pero, honestamente, aceptar los regalos de un hombre sin que te dé lo que realmente necesitas, no es más que una forma avanzada de prostitución. Verás, lo que nosotros los hombres entendemos es: existe un "costo" (directo o indirecto) asociado al sexo. Lo podemos comprar en el club de *strippers*, en un prostíbulo o en Internet, o podemos llevarte a cenar, al cine, pagar tu renta, comprarte joyas, enviarte al estilista o darte dinero. De cualquier manera, si gastamos la lana, esperamos obtener algo a cambio: sexo.

Créeme cuando te digo que no hay nada de tierno ni cariñoso en darle una parte tan importante de ti a un hombre que, a final de cuentas, te está dando tan poco a cambio. Claro, puede parecer que te está entregando el mundo entero porque, diablos, un papito cariñoso/patrocinador/jugador va a esforzarse por hacer parecer que está ahí para ti en todos los sentidos. Pero, para ser honestos, este tipo de hombre que paga por sexo nunca va a hacer un sacrificio real a largo plazo, nunca va a ir detrás de algo que lo desgaste más allá de su propio límite. Y continuará jugando el juego mientras nadie se dé cuenta y en tanto no interfiera con una relación que realmente le interese.

No va a pagar tu renta si eso significa que no podrá pagar la suya.

No te va a comprar un auto si él no tiene uno.

No te va a comprar víveres si su refrigerador no está lleno.

No te va a llevar a una fiesta increíble si otra mujer que le interesa más quiere ir.

Y es cierto, no se va a enamorar de ti sólo porque estás aflojando un poco.

En el ámbito de mi negocio lo veo todo el tiempo. Los hombres acomodados —celebridades, atletas, banqueros, empresarios— tienen una, dos, tres o hasta más mujeres para llevar una vida alternativa. Cada una de ellas es la orgullosa beneficiaria de un paquete de patrocinio: pueden obtener hasta $2,000 dólares para la renta de un lujoso condominio, tal vez unos $700 dólares para la mensualidad de un auto, $300 para arreglarse el cabello y las uñas en un salón, un costoso par de zapatos y un vestido de vez en cuando. Si haces el cálculo, tal vez llegarías a creer que estas mujeres reciben algo muy valioso de sus papitos cariñosos, ¿no es cierto? Tienen un sitio para vivir, transporte y se ven bien de los pies a la cabeza, todo gracias al patrocinio de alguien más. Visto desde cierta perspectiva, lo que sus patrocinadores les dan para ellos no significa más que un poco de lana. Si él gana millones, entonces ¿qué tanto son $3,000 dólares? La mujer que recibe ese paquete de patrocinio vale muy poco; tal vez el equivalente a un cajón lleno de calcetines Marcoliani de casimir, unas cuantas corbatas de Hermès y un par de mancuernillas caras. Daría lo mismo si él pasara por la calle, la viera y le aventara unas cuantas monedas.

Si estás involucrada con un papito cariñoso o con un patrocinador, ni siquiera tienes que pedir que te aviente las monedas. Los jugadores de alto nivel siempre te ofrecen ayuda para cubrir tus necesidades antes de que siquiera tú las manifiestes. Nos fijamos en la conversación, lo detectamos con nuestros propios ojos. ¿Te bajas de un auto que parece que se va a desmoronar? Papito cariñoso te da la mensualidad para que te compres un auto nuevo o te consigue transporte que te lleve a donde quieras. ¿Un patrocinador en potencia te visita en casa y nota que tus muebles parecen de la década de los cincuenta y que la ropa usada que tienen tus hijos tiene como cuarenta años? Tu patrocinador te va a dar algo de efectivo para comprar muebles nuevos o para que lleves a los niños a comprar ropa. Un papito cariñoso sale con una mujer, le mira los pies y le pregunta de qué número calza. Por favor, créeme cuando te digo que conservará en su cabeza el dato de que calza del nueve, y unas semanas más tarde, cuando ella haya olvidado el asunto por completo, va a aparecer con un lindo par de zapatos de la talla correcta. Esos zapatos le harán ganarse un beso. Cuando le pregunte a la mujer qué talla es de vestido, unas semanas después va a canjear un vestido talla diez por un abrazo, un beso y tal vez algo más. La mujer nunca dijo que quería ropa, un vestido o algo más, pero tampoco los está rechazando. El dinero y los obsequios son una carnada, y este hombre sabe que ella va a caer en el anzuelo.

Además, continuará lanzando la carnada porque está invirtiendo en ella. Es una forma muy sutil de darle posesiones que *ella* valora, una forma de atraerla sin sacrificar nada de lo que él realmente necesita o desea. ¿Qué tipo de ganancias recibe por su inversión? Algo que ningún hombre debería realmente comprar: el amor de ella, su devoción y su cuerpo, tres cosas que no tienen precio.

Puedes creerme, un jugador no tiene que ser rico para ofrecer paquetes de patrocinio. En lo que se refiere a invertir en una mujer, el empleado promedio puede ser tan experto como el hombre más adinerado del mundo. ¿Tienes poco dinero y se te acabó la leche? Aquí viene él con algunos víveres, un poco de alimento para bebé y un par de paletas de caramelo para los niños. ¿Estás un poco corta de efectivo para pagar los servicios? Aquí viene él con algo de dinero para pagar el teléfono y la electricidad. ¿Tu auto no funciona bien? Aquí viene él a cambiar el aceite, a revisar la correa de distribución o a cambiar una llanta ponchada. No necesita tener mucho dinero, sólo tiene que detectar una necesidad y cubrirla a un costo mínimo o nulo para él.

Por favor, entiende que en verdad existe una diferencia entre un hombre que provee y uno que sólo invierte. Como ya lo mencioné anteriormente, un hombre que te ama de verdad llevará a cabo tres acciones: proclamará su amor por ti en público, te protegerá de todas las formas necesarias y será un proveedor para ti aun cuando eso le signifique quedarse sin nada. No va a gastar su dinero en artículos superficiales y luego darte lo que le sobre, no sólo te va a dar una rebanadita y quedarse el resto del pastel para él. Si es un hombre de verdad, siempre se sacrificará hasta cumplir por completo con su responsabilidad de proveerte. No se va a comprar un nuevo equipo de palos de golf o un traje nuevo si sabe que tiene que pagar la colegiatura de los niños. Eso lo hace porque, al proveer lo que requieres, incluso cuando eso significa sacrificar lo que él necesita, está cumpliendo con su papel y su propósito como un hombre que demuestra su verdadero amor por una mujer.

Un hombre que compra adornitos y trinquetes, pero que se niega a darte lo que en realidad necesitas –una relación verdadera, monógama y llena de amor–, sólo te está usando. Tal vez pague la renta y la mensualidad de un automóvil, pero lo hace porque espera algo a cambio y, en el momento que para comprarte tenga que gastar, va a desaparecer. Es posible que su paquete de patrocinio te haga sentir muy agradecida de estar con él, pero en realidad está jugando contigo, te va a mantener en un esquema de espera hasta que esté listo para irse a otro lado. Ese hombre está comprando tu gentileza, tu sexo, tu amor, tu afecto, así como un lugar agradable para relajarse y escapar de cualquiera de los problemas que tiene que enfrentar, como una esposa o novia quejumbrosa, la encarnizada competencia en el trabajo o las dificultades que implica tratar de criar a sus hijos y lidiar con una ex esposa difícil. Mientras tú lo dejas gastar su dinero en ti y le das todo lo que eres, también estás poniendo en riesgo tus requerimientos y estándares, y te estás perdiendo de eso que todas las mujeres que quieren una relación sólida, buscan en un hombre: comprensión, ternura, compañía, un hombre dispuesto a compartirse, a crecer contigo y a sacrificarse de verdad por ti. El patrocinador te atrae diciéndote que está contigo porque en tus brazos puede encontrar la paz, pero la verdad es que si continúas involucrada con él, *tú* no podrás encontrar la paz en ningún sitio después.

Un jugador de verdad sabe cómo manejar con tus necesidades. Él ve lo que las mujeres necesitan con mucha claridad: alguien con quien compartir sus vidas y que las haga sentir seguras. Yo no tengo la autoridad para decir que éstas son las únicas dos cosas que las mujeres necesitan porque, sencillamente, no soy una mujer. Pero, al menos, puedo decir que esos factores son importantes para todas las mujeres con las que he tratado de una u otra forma. Los hombres, como cazadores, sabemos que si podemos lanzar la carnada sobre esas dos necesidades y crear la ilusión de que están siendo cubiertas, obtendremos todo lo que queramos de ustedes.

Existen algunas relaciones que están construidas sobre una base de este tipo. El mundo está lleno de mujeres que sólo quieren que las patrocinen, que sólo desean recibir el dinero de un hombre sin sentirse comprometidas con él. Por cada mujer que es así, hay veinte hombres que están dispuestos a apuntarse porque, así como ella dice que sólo quiere dinero, a él le queda claro que sólo quiere el sexo que recibe después de entregar el dinero. Si un hombre conoce a una mujer que le gusta en el aspecto físico y ella deja muy claro que lo único que quiere es ayuda económica, entonces todo está bien: los hombres estamos acostumbrados a este tipo de situaciones. De todas formas tendremos que pagar por tu compañía y por el sexo. Así que, en lugar de llevarte a cenar y a tomar una copa de vino, vamos a poner todo en un paquete y lo vamos etiquetar como renta. En lugar de llevarte de viaje, vamos a juntar todo el dinero que eso implicaría y lo vamos a etiquetar como la mensualidad del auto. Cuando todas esas necesidades estén cubiertas y el momento de pasión haya llegado y se haya ido, entonces, fin del asunto. Si tú no quieres involucrarte emocionalmente, bien, pues, ¡demonios!, ¿adivina qué?: nosotros tampoco. Los hombres no son tontos, ellos saben bien cuando los usan para conseguir dinero. Puedes creerme, un hombre se involucra en este tipo de relaciones por decisión propia. Tú no lo estás engañando, y en el momento que se aburra o se canse del juego, sólo se va a ir con otra mujer que ofrezca más emoción o con una a la que él le quiera entregar el corazón. Él es el amo del juego, así que sabe de qué se trata.

En cuanto comiences a esperar que te dé más, estarás en problemas. Tal vez te encantaba que te consintiera, pero como sucede con todo exceso de dulzura, tarde o temprano vas a sufrir una crisis, te vas a desplomar y ansiarás algo sólido. Pero no lo vas a conseguir. Tendrás el número de su celular pero no lo vas a poder llamar, te va a invitar a su "casa" pero será un lugar vacío (porque seguramente él tiene un hogar con alguien más en otro lugar). Ni siquiera vas a poder conocer a su familia ni salir a cenar con él y sus amigos porque nadie te debe ver porque podría resultar problemático (en especial la novia de su mejor amigo, quien seguramente es amiga de su verdadera novia). Nunca te podrás sentar junto a él en la iglesia (ni siquiera el más perro de los perros lleva su cinismo tan lejos como para ofender al Señor). Porque él es generoso pero no va a compartir su vida contigo.

Tampoco te va a brindar verdadera compañía. No te va a proteger, no será tu proveedor y no proclamará públicamente su amor por ti. Lo peor es que cuando el Señor indicado llegue, ni siquiera lo vas a reconocer porque tus estándares estarán demasiado alejados de lo que el hombre promedio bien intencionado te puede ofrecer. El individuo que está dispuesto a recogerte a tiempo, presentarte a sus amigos y sentarse junto a ti en la iglesia un domingo por la mañana, pero que no tiene dinero para, digamos, pagar tu renta, se te va a escabullir. El hombre que está dispuesto a ofrecerte gentileza, comprensión, compañía y atención, no va a tener la menor oportunidad contigo porque te habrás vendido por un poco de dinero para pagar tu auto y la renta.

¿Esos beneficios valen tanto la pena como para dejar pasar una relación sólida, segura y cariñosa?

Entonces, ¿cómo puedes escapar de un papi cariñoso y encontrar algo más sólido? Bien, pues revisa lo que dije en *Actúa como dama pero piensa como hombre*: hazte de unos buenos estándares y requisitos. Un hombre sólo puede comportarse como un papito cariñoso si tú te apuntas en su lista, eso te lo puedo asegurar. Lo he visto un millón de veces. Tengo muchos amigos que han jugado a ser papitos cariñosos más veces de las que están dispuestos a aceptar. Un amigo tenía toda una flota de mujeres hermosa en todo el país. Les compraba obsequios para mantenerlas interesadas y lograr que entraran y salieran de su departamento como si fuera el supervisor de la torre de control aérea del aeropuerto de Los Ángeles. Lo único que le interesaba era la hora de arribo y la hora de salida. En una ocasión vi al portero de su edificio "chocarlas" con mi amigo y felicitarlo. "Señor, realmente disfruto sus visitas". Este amigo no hacía nada por aquellas mujeres, no les profesaba su amor y no las llevaba a conocer a su familia. No podían llegar a su casa sin anunciarse antes y, por supuesto, no estaban invitadas a participar en su vida ni a compartirla. Lo único que él hacía era ofrecer paquetes de patrocinio.

Después conoció a la mujer perfecta, una hermosa dama con la cabeza bien puesta sobre los hombros, quien le dejó muy claro que no se iba a apuntar en su lista de patrocinadas. Le dijo que no le interesaba cuánto dinero tenía ni lo que hacía para ganarse la vida, ella sólo quería un hombre que la amara y que le fuera fiel. También le hizo saber que a ella no se le podía comprar, al menos no con los típicos obsequios que les daba a las otras mujeres. El precio de ella era infinitamente más alto: le dijo cómo iba a tratarla, cómo tenía que lidiar con ella y cómo le tenía que demostrar su amor. Y mi amigo se puso a la altura, te lo juro. Vivir con una mujer así es como vivir para repararlo todo. Sin importar la cantidad de estupideces que hiciste antes, todo se acaba en cuanto ella llega, y si quieres quedarte con ella, tienes que hacer todo lo que diga para mantenerla cerca. Además, ella te explica que está lista para alejarse si no actúas con precisión y velocidad.

Ése es el poder que tiene una relación verdadera y valiosa. Convencer a un hombre de que te dé obsequios no es tener poder, eso te lo puedo garantizar. Cuando te apuntas en la lista de un papito cariñoso, lo único que estás haciendo es postergar la realidad, tu verdadera felicidad. Porque el papito cariñoso, tarde o temprano, se va. La relación casi siempre es temporal. Claro que hay algunos hombres que te tratarán de ayudar genuinamente, pero la mayoría sólo está jugando e invirtiendo su tiempo. La clave para conocer la diferencia radica en descubrir si realmente estás recibiendo lo que necesitas y lo que quieres. Si aceptas la ayuda, pero la relación no va hacia ningún sitio, es decir, si el tipo no te llama, te deja plantada, te trata como una piltrafa en lugar de cómo una guardiana (ver el Glosario), entonces te están usando.

Ahora bien, yo no puedo, ni te voy a decir que no aceptes obsequios de un hombre. Tal vez él sea el hombre de tus sueños y sólo quiere darte algo bonito porque eso es lo que desea hacer por la mujer con la que ya se ve en el futuro. Por favor, debes saber que él te da algo porque también quiere algo a cambio. Tu misión es dejar claro lo que quieres y hacerle saber que el verdadero obsequio que te puede dar, el que estás dispuesta a aceptar con el corazón abierto, no es algo material sino amor verdadero. Si él no puede brindártelo, entonces aléjate de inmediato.

¿Ya comprendiste lo que estoy tratando de decir? Aléjate. De inmediato.

Para obtener lo que quieres, tienes que estar dispuesta a alejarte. No tengas miedo, si él sólo te da las cosas materiales pero no es el tipo de hombre que quieres, que necesitas y que mereces, tienes que botarlo y dejar abierto el camino para alguien mejor, para el individuo que está dispuesto a hacer lo necesario para conservarte.

II
PARA ENCONTRAR UN HOMBRE

1. El callejón sin salida

Él no se compromete, tú no te vas. ¿Y ahora?

Has tenido citas durante años. Tus amigas, tu hermana e incluso tu peor enemiga te han dicho que llegó la hora de que ese hombre se comprometa contigo. Pero él va arrastrando los pies. ¿Te suena familiar? Tienes que saber que no estás sola ahora que tratas de entender por qué, sencillamente, él no avanza. Las mujeres solteras de todo el país hablan sobre este tema en casi todos los programas de televisión, en las revistas femeninas y en muchas sesiones entre amigas en los *spa*: los hombres no se comprometen. No nos interesa ni nos importa el matrimonio y hay muchas estadísticas que así lo prueban. Por ejemplo, una encuesta que hizo la oficina de Censo de los Estados Unidos sobre familias americanas y organización en viviendas en 2008, muestra que el porcentaje de hombres y mujeres casados, que tienen más de quince años viviendo en los Estados Unidos, está apenas por encima del cincuenta por ciento, lo que significa que un número importante de mujeres con edad suficiente para casarse no tiene todavía un anillo de compromiso y que cuarenta y seis por ciento de los hombres que tienen edad suficiente para usar una sortija de matrimonio aún no la tienen. Además, cada año, el número de mujeres y hombres que va al altar para decir "acepto" disminuye. Lo suficiente como para alarmar a las personas interesadas en encontrar a una pareja para casarse.

En verdad son tiempos aterradores si tu objetivo es sentar cabeza. La cuestión es que, a pesar de que la sociedad les continúa inculcando a las pequeñitas, a las jovencitas y a las mujeres mayores, la noción de que tienen que casarse para realizarse y para sentirse seguras, no hay nadie que les inculque esto a los muchachos y a los hombres. Así es, prácticamente desde el momento que salimos del vientre materno nos dicen que tenemos que jugar con las chicas y tomarnos nuestro tiempo. Y conforme nos hacemos mayores, nos empeñamos en defender con furia todas esas razones que consideramos sanas y racionales para permanecer solteros: es más fácil vivir con una mujer que casarse con ella, es mejor esperar hasta que vengan los bebés, podemos tener más sexo si permanecemos solteros, la mujer con la que nos casemos tiene que ser absolutamente perfecta para nosotros, es más barato permanecer soltero que pagar pensión; y ¿ya mencioné que podemos tener más sexo si permanecemos solteros? Además, tenemos que establecernos bien en nuestra carrera y tener dinero en el banco antes de pensar en la responsabilidad de tener esposa e hijos. Si permanecemos solteros, no tenemos necesidad de cambiar o de comprometernos y –ah, sí–, podemos tener más sexo si permanecemos solteros.

Con todas estas razones perfectamente lógicas, y sin que nadie nos presione para casarnos, en realidad no es sorprendente que la mitad de los hombres que estamos en edad de casarnos, no lo hagamos. Sin embargo, esto no significa que no seamos *capaces* de comprometernos. De hecho, nos comprometemos con muchas otras cosas: Los juegos de golf, el partido de basquetbol con los cuates, nuestra cita bisemanal con el peluquero, nuestros empleos, nuestros hijos, nuestras hipotecas, nuestros contratos de renta, nuestra mensualidad del autofinanciamiento. Nuestros amigos. Ah, sí, y con las mujeres a las que amamos.

Los hombres adquirimos estos compromisos cuando nos sentimos obligados a hacerlo, cuando nos dejan muy claras cuáles serían las consecuencias de no comprometerse. Permíteme explicarte: un hombre no se compromete a nada a menos de que sepa que existe una razón importante para hacerlo. El hombre se compromete a las rondas del golf porque sabe que, si se las pierde, tal vez no podrá conseguir otras sino hasta más tarde y, entonces, se le arruinaría el día entero. Se compromete a llegar a tiempo al juego de basquetbol del fin de semana porque sabe que, si llega tarde, podría quedarse sin jugar hasta el segundo partido. Se compromete a hacer su cita con el peluquero porque sabe que, si no lo hace, podría terminar en la silla de un novato que apenas está aprendiendo a usar las tijeras. Se compromete a llegar a tiempo al trabajo porque sabe, que si llega tarde, perderá parte de su salario. Se compromete a pagar su renta a tiempo porque sabe que, si no lo hace, se arriesga a pagar las penalizaciones o a perder el departamento. Se compromete a pagar la mensualidad del auto porque sabe que, si no lo hace, le podrían quitar su transporte.

Los hombres hacen todo esto porque si rompen sus compromisos habrá consecuencias y fuertes repercusiones. Sucede lo mismo con un hombre que sabe que perderá a la mujer que ama si deja de cumplir el compromiso que tiene con ella. Vamos a ser realistas: a pesar de que la mitad de los hombres que están en edad de casarse no lo han hecho, la otra mitad, sí, y, además, todos los días se llevan a cabo miles de casamientos. ¿Por qué? Porque hay muchos hombres capaces que pueden cumplir sus compromisos con las mujeres. Estos hombres no se sienten intimidados por ellas (sin importar cuántos logros tengan), tampoco se sienten avergonzados de su situación en la vida, no son unos perros, no tienen miedo de la responsabilidad ni de perder su libertad. Estos hombres ya se casaron o lo van a hacer porque aman a las mujeres con quienes intercambiaron sortijas y porque sus mujeres hicieron del matrimonio un requisito para continuar la relación.

Puedes tacharme de ser un romántico sin salvación, pero yo honestamente creo que tu hombre anda por ahí y que todavía puedes involucrarte en una relación sólida, estable y llena de amor. Pero la cuestión es la siguiente: encontrar esa posibilidad de compromiso depende enteramente de ti. Lo sé, lo sé. Esto te deja con toda la responsabilidad, aunque la realidad es que las mujeres en verdad tienen el poder en sus pequeñas y delicadas manos manicuradas. Ya lo dije en *Actúa como dama pero piensa como hombre*, pero vale la pena repetirlo: un hombre no puede entablar una conversación contigo, besarte, tomar tu mano, llamarte a casa, sacarte a pasear ni jalar las sábanas de tu cama si tú no se lo permites. Punto. Tú, aquí, tienes el poder de decidir si vas a parar en seco todas las tonterías o continuar así. En serio, nosotros no podemos realizar ningún movimiento importante si tú no lo permites. Piénsalo: un hombre no puede ser candidato a presidente si no está casado. Porque los otros hombres no le van a permitir ostentar todo el poder y, además, tener una nación entera de mujeres –incluyendo las suyas– contemplándolo. Ya sabemos bien que las mujeres pueden llegar hasta la Oficina Oval con todas las insinuaciones necesarias. Sólo fíjate en los sucesos recientes. Un hombre que engaña a su mujer y tiene un hijo fuera del matrimonio no puede postularse para presidente porque su integridad es cuestionable. Ambas mujeres, la esposa y la amante, tienen el poder para evitar que se siente en el lugar más poderoso del país. Eso es poder. Un gobernante tan golpeado por el amor de una mujer que está al otro lado del mundo, les dice a sus colaboradores, a su esposa, a sus hijos y a su estado, un manojo de mentiras sólo para poder reunirse con la mujer que ama sin que le importen las consecuencias. Eso es poder. Si tenemos hijos, la ley casi siempre te favorecerá y te permitirá conservarlos. Y, ¡diablos!, ni siquiera podemos hacer esos bebés sin ustedes. Eso es poder. Las mujeres nos ayudan a domar nuestros peores instintos, como una brújula integrada que nos mantiene cuerdos y alejados de una vida de ridícula y alcoholizada estupidez. Muchos de nosotros seríamos universitarios incontrolables y tontos durante los siguientes treinta años, gastaríamos hasta el último centavo en desnudistas y prostitutas, nos emborracharíamos y haríamos estupideces cada minuto del día si no fuera por el amor y el respeto que sentimos por nuestras mujeres, y por la profunda fe que nos tienen y que nos mantiene a flote. Eso es poder.

No sólo las necesitamos, también las queremos. Pero si lo que tú deseas es tener algo más importante que un simple acostón con un hombre, vas a tener que mostrarle el camino hacia tu corazón y hacerlo trabajar en él. Ya conoces ese versículo de la Biblia: "A todo el que se le haya dado mucho, mucho se demandará de él". Cuando trates de que él se comprometa, tienes que convertir esta frase en tu lema, en tu *modus operandi*. Tienes que hacerle saber que tienes mucho que ofrecer y que planeas echar mano de todo tu poder para el beneficio de ambos, pero que sólo lo harás si él cumple con tus exigencias. Ten en mente lo siguiente para hacer que tu hombre se comprometa.

¿CÓMO HACER QUE UN HOMBRE SE COMPROMETA?

1. Prepárate para el compromiso

Nunca olvidaré la lección que me enseñó mi madre sobre cómo prepararse para recibir una bendición. Yo vivía con mis padres y estaba tratando de encontrar mi camino, de prepararme para los grandes sucesos. En ese momento en particular, se trataba de un auto nuevo. El viejo estaba colocado sobre unos ladrillos en la entrada de la casa de mis padres y yo había estado ahorrando dinero y revisando algunas agencias y anuncios por toda la ciudad para conseguir un buen auto. Una mañana, cuando estábamos disfrutando del desayuno, dije: "Mamá, he trabajado muy duro y me voy a comprar un auto nuevo". Lo que buscaba era apoyo.

Al principio no me dijo nada, sólo asintió con la cabeza. Luego me recordó: "Tu auto viejo está allá afuera sobre unos ladrillos".

Unos días más tarde le anuncié mis intenciones de nuevo y, una vez más, asintió y me repitió lo obvio: "Tu auto viejo está allá afuera sobre los ladrillos".

Te puedo jurar que en verdad no podía entender por qué mi madre, quien por lo general siempre me apoyaba, se mostraba tan tibia ante mi plan de adquirir un auto nuevo. Siempre que mencionaba el asunto, el único entusiasmo que podía mostrar estaba dirigido a "Tu auto viejo está allá afuera sobre unos ladrillos". Para la cuarta ocasión que me lo mencionó, la confronté. "Mamá, ¿por qué cada vez que te digo que quiero un auto nuevo me mencionas al viejo?".

Al principio se mantuvo callada, pero luego me dijo todo: "Si Dios te da un auto nuevo, ¿en dónde lo vas a poner? Tu auto viejo está allá afuera sobre unos ladrillos. Si vas a pedirle a Dios algo, tienes que actuar como si fuera a dártelo y tienes que estar listo para recibirlo".

¿Y sabes qué? Lo que ella me dijo era perfectamente lógico. No estaba listo para recibir un auto nuevo porque el viejo estaba ocupando todo el espacio en la entrada. Como si fuera basura. Incluso si Ed McMahon hubiese llegado en el auto nuevo, yo no habría tenido espacio para recibirlo hasta que no limpiara mi tiradero. Eso fue justamente lo que hice. Llamé a uno de mis socios y le pagué veinticinco dólares para que se llevara el auto. Luego retiré el concreto y coloqué asfalto nuevo. Me deshice de los ladrillos y preparé la entrada para mi auto nuevo. Dos meses más tarde pude manejar con mi auto nuevo por la entrada limpia y despejada, y le agradecí a Dios la bendición que me había enviado. Finalmente, estaba listo para recibirla.

He compartido esta metáfora contigo porque simboliza lo que las mujeres que están buscando una relación con un fuerte compromiso, deben hacer para prepararse y recibir la bendición. No puedes tener al hombre que quieres si tienes toda la basura, es decir, toda la basura con la que te dejó el último hombre que te lastimó, un ex que no te deja en paz, sobre los ladrillos en la entrada figurada de tu casa. Si el tipo con el que sigues saliendo a pesar de que sabes que no es el correcto para ti, continúa rondándote, entonces no tienes espacio en tu corazón para alguien más. Tal vez se toquen de vez en cuando y hagan algo para hacerse sentir bien el uno al otro, pero, a final de cuentas, estás sola y él no está ahí para ti cuando lo necesitas. Tú sabes que esa relación no va a ningún lado. Él es como ese viejo auto que sólo ocupaba espacio.

Sucede lo mismo con todo aquello que bloquea tu corazón y tu mente, y que te impide estar disponible para alguien más; puede ser un divorcio, amargura por una relación que salió mal, empeñarse en creer que todos los hombres buenos ya no están disponibles, pensar que es mejor tener toda una banca de hombres para "jugar" que enfocarte en lograr que una relación funcione. Todos estos factores hacen que tu corazón permanezca bloqueado, te orillan a encontrar en ese nuevo individuo todos los errores y fallas que terminaron con tu relación anterior. Todo esto te mantiene amargada y te hace aferrarte a algo malo cuando deberías estar enfocada en conseguir algo bueno.

Tienes que dejar de buscar todas esas pistas que te hacen creer que el nuevo hombre te va a lastimar, tienes que dejar de jugar con el tipo que sólo te está haciendo perder el tiempo y tienes que dejar ir el dolor, el enojo y el resentimiento que te produjo el divorcio. Llama a la grúa y saca toda esa basura de ahí; prepárate para recibir a un hombre digno de ti.

2. Construye una muralla alrededor de tu corazón

Para hacer esto primero tienes que olvidarte de los estereotipos que retratan a los hombres con fuertes pinceladas de negatividad. Contrario a la creencia popular y a toda la mala información que pasa de generación a generación de amigas, sí hay todavía hombres buenos por ahí. Tal vez no te puedas enterar porque muchas mujeres se comparten historias que siempre indican que todos los buenos hombres ya están ocupados. Los hombres no se quieren comprometer, sólo quieren jugar. Sólo quieren tener sexo con la mayor cantidad posible de mujeres y tus sentimientos no les importan. Si escuchas toda esta basura durante el tiempo suficiente, la vas a interiorizar y luego vas a transferir ese estereotipo a todos los hombres que te rodean, sin importar si llenan el perfil o si son su total antítesis. Una vez que la imagen esté arraigada en tu mente, eso va a marcar el tono en que te vas a presentar a los hombres que se acerquen a ti. Ya sabes cómo funciona: él podría conocerte en una gloriosa tarde de domingo en el parque, el sol podría estar brillando, los pájaros cantando y él podría ser carismático, divertido, inteligente y hasta guapo, tal como lo habías imaginado antes. Pero, en el fondo de tu mente, continúa sonando la conversación que tuviste con aquella amiga. En el momento en que él te contesta una pregunta de manera equivocada, tú vas a comenzar a asumir cosas y a modificar tu presentación ante él. De pronto, en donde había una sonrisa, habrá un gesto agresivo. En donde había espíritu, habrá fracaso. En donde había esperanza, habrá pesimismo. Todo porque él no quiere casarse de inmediato o porque no quiere tener hijos por lo pronto. Tal vez lo que quiso decir es "no me quiero casar antes de terminar la escuela", pero, como en tu mente ya están arraigados los estereotipos de los hombres y del compromiso, lo único que escuchas es "no me quiero casar jamás".

En realidad, lo que estás haciendo es construir una muralla de diez metros de altura con alambre de púas en la cima. Te puedo asegurar que muy pocos hombres van a estar dispuestos a escalarla. Ni tu presentación, ni tu acercamiento ni tu energía, transmiten calidez. No hay nada que les indique a los posibles interesados "estoy disponible, te puedes acercar y, bajo las condiciones adecuadas, también estoy lista para amar". Claro que lo podrías estar gritando desde una torre con un megáfono y a kilómetros de distancia de tu muralla, pero él no te va a escuchar porque estás demasiado lejos, demasiado arriba y demasiado resguardada.

No me malinterpretes: no hay nada malo con tener ciertos estándares. Para ser preciso, siempre he pensado que tienes todo el derecho de tenerlos, que, incluso, si quieres poder encontrar a un hombre e iniciar una relación seria *debes* tener estándares. Pero, ¿tus estándares y tus requisitos realmente reflejan quién eres y lo que eres capaz de brindar? Porque no hay muchos hombres que van a apuntarse en una relación inequitativa. Cuando presenté *Actúa como dama pero piensa como hombre* en el programa *Oprah*, recuerdo que había una mujer en el público que dijo que tenía una lista de ciento treinta y seis estándares y requisitos, y que, cualquier hombre que quisiera estar con ella, tenía que cubrirlos todos. Uno de los que mejor recuerdo era que el hombre tenía que medir, por lo menos, un metro ochenta y tener abdomen de lavadero. La mujer dijo que no se iba a conformar con menos. Y entonces pensé: "Si yo midiera un metro ochenta y tuviera el abdomen de lavadero, no andaría con una bajita rechoncha. ¿Yo voy a estar en el gimnasio matándome, comiendo nabos, vegetales y tofu, y tú vas a estar masticando costillitas de puerco? Ni de broma, señora".

Tú puedes tener todos los estándares que quieras y exigir que un hombre escale una muralla de diez metros coronada con alambre de púas sólo para salir una o dos veces contigo. Pero lo último que vas a querer que piense es: "Demonios, ¿me hiciste escalar toda esa muralla y esto es lo único que ofreces?". ¿Por qué él tiene que ser un millonario si tú trabajas en una zapatería? ¿Por qué exigir que tenga tres títulos académicos cuando, a pesar de tu inteligencia nata, tú dejaste de estudiar cuando estabas en la prepa? ¿Por qué exigir que él sea propietario de un negocio si tú no puedes ni pagar el pasaje del autobús para llegar al trabajo? ¿Por qué esperar que te trate con respeto, que sea gentil, cariñoso y tierno, si en cada test de personalidad que haces te arroja resultados que indican que eres: "mandona", "agresiva" y "opresora"? A esto es a lo que se refieren los hombres cuando dicen que tus estándares tal vez son un poquito altos. Probablemente lo conociste porque traías minifalda, zapatos de plataforma y un bronceado deslumbrante, pero no se va a detener a mirar y mucho menos a escalar esa enorme muralla si no le das una razón de peso para hacerlo.

Por otra parte, debes entender que lo anterior tampoco significa que debas reducir o eliminar tus estándares y requisitos de golpe. Porque tampoco vas a construir una cerquita de treinta centímetros de altura alrededor de tu jardín y luego vas a dejar que cualquier tipo se meta y camine sobre el césped. Si no tienes estándares y requisitos, un hombre podría cancelarte una cita sólo unos minutos antes y no habría repercusiones. Podría dormir contigo antes de que consigas el equivalente a noventa días de citas valiosas (ver el Glosario). Y también podría llamarte dos horas más tarde de la hora que fijaron, y luego aparecer a media noche para tener un ratito de sexo casual. Básicamente, te estás apuntando para que te maltrate alguien a quien no le interesa el compromiso. Créeme: si un hombre piensa que te puede tener sin comprometerse, jamás vas a lograr que cambie su actitud.

Si en verdad quieres un compromiso, vas a tener que construir una cerca de un metro de altura alrededor de tu corazón. Vas a tener que elevar tus estándares para transmitir la siguiente idea: "No cualquiera puede venir a jugar y bailotear en mi jardín. Si quieres actuar groseramente, entonces cruza la calle y métete al jardín de otra". Son precisamente estos estándares y requisitos los que le harán comprender que si quiere saltar la cerca va a tener que esforzarse. Los estándares comienzan a exigirle que te trate con respeto, que te llame a la hora en que quedaron, que te saque a pasear como lo prometió, que se ponga a la altura de la situación y trate bien a tus hijos y, lo más importante, que reconozca que a cualquier hombre que quiera entrar a tu jardín le vas a exigir que se comprometa. Todo este trabajo va a tener su recompensa porque detrás de la cerca hay un premio maravilloso: tu amor, tu apoyo y el bizcochito (en el Capítulo 8 y en el Glosario encontrarás más información sobre el bizcochito), los tres elementos que un hombre necesita recibir de una mujer.

IDENTIFICA LA RAZÓN POR LA QUE NO TE HAS IDO

Desde que ve su primera película de Disney, la mujer está programada para esperar que un caballero de armadura brillante cabalgue hasta ella en un enorme caballo blanco, y que la conduzca a toda velocidad hasta el gran día de su boda. Alrededor, las palomas canturrean, los capullos florecen y la gente del pueblo la vitorea en su camino hacia el atardecer en compañía del príncipe azul: directo a su "y fueron felices para siempre".

Esta experiencia forma parte de la cultura femenina. Los mensajes te los comienzan a transmitir desde que gateas: tu sueño es casarte, formar una familia y envejecer junto a alguien que corresponda al amor que le profesas. No hay nada de malo con desear alcanzar ese sueño y no tiene que ser un cuento de hadas. Pero, si por perseguir ese sueño de la boda dorada estás atascada en una relación que no ofrece señales de compromiso o de avance, y sólo te hace sentir miserable, entonces tu sueño de "y fueron felices para siempre" nunca se hará realidad. Tal vez no quieras aceptarlo ni escuchar razones, pero, francamente, tú eres la única culpable. Sé que es algo muy difícil pero es la verdad.

Te encuentras atorada en una relación con un hombre que no está comprometido contigo al cien por ciento porque no has ejercido tu poder para hacerle comprender que no te vas a conformar con algo que no sea un compromiso total. Por favor, tienes que entender: el hombre que te quiera, si en verdad te ama, va a saltar a través de aros de fuego, con cubetas de gasolina atadas a la cintura. Pero eso sólo sucederá si le dejas claro que, si piensa quedarse junto a ti, necesitas que se comprometa contigo, es decir, que sea monógamo y que te dé un anillo. Nosotros los hombres entendemos cuando existen consecuencias; la consecuencia es lo que nos rige. Sin embargo, si le permites que se quede por ahí y no le exiges que sea claro respecto a sus intenciones; si decides conducir tu relación bajo la política de "un medio hombre es mejor que ningún hombre", entonces eso es lo que vas a obtener: sólo un hombre a medias.

Los hombres también entienden por qué no te vas. Tu razonamiento dice que es mejor quedarse a su lado y ser medio feliz, que correr el riesgo de quedarte sola, incluso si eso implica que ni el día de tu boda, ni el papel que diga que ustedes están oficialmente comprometidos entre sí, lleguen jamás.

Tienes que actuar con menos emoción y comenzar a pensar de manera racional sobre por qué, lo peor que puedes hacer, es quedarte a su lado (si es que acaso lo estás haciendo por alguna de las siguientes razones):

1. Si estás a su lado por los niños

Si estás con él por esta razón, te elogio, es un gesto muy noble. Ningún niño debería crecer sin un padre en casa. De manera muy natural, tu instinto te hace querer que los niños permanezcan en un hogar intacto, si es que existe esa opción. Es una razón muy valiosa. ¿Pero qué valor recibe un niño que ve que su madre tiene una existencia miserable? ¿Quién sale ganando si tú eres quien prepara todas las comidas, quien limpia toda la casa, si eres la encargada de criar a los niños, si das todo de ti y lo único que recibes a cambio es más miseria y frustración? ¿Quién sale ganando si tú no obtienes lo que quieres y lo que necesitas? Incluso he llegado a escuchar a algunas mujeres decir que, por el bien de sus niños, planean quedarse en esa mala relación hasta que los muchachos se gradúen y se vayan de casa. Es demasiado tiempo para postergar la felicidad. Es por eso que existe algo que se llama visita paterna. Tienes que investigar y luego hacer planes para ser feliz, en particular si él es el tipo de hombre que nunca te va a brindar el nivel de compromiso que necesitas.

2. Si estás con él porque tienes la esperanza de que, en algún momento, te dará un anillo

Tienes que entender que ese anillo no va a llegar. ¿Cuánto tiempo llevas con este hombre que todavía no se te ha declarado? ¿Continúa dándote excusas y haciendo promesas? ¿Nunca habla de dar el siguiente paso? ¿Te dice que aún no está listo? Todas esas son señales de que te estás aferrando a un sueño sin futuro. Él no se va a casar contigo porque no le has dicho que, si quiere que continúen juntos, es obligatorio que se casen. ¿Por qué habría de casarse contigo? Él dice que te ama. Tuviste a sus hijos y se siente agradecido por los bebés. Duermes con él. Lo abrazas cuando está triste. Su familia te acepta. Vas a las fiestas de su oficina. Él tiene todos los beneficios de un matrimonio, así que, en su mente, no existe una razón de peso para casarse. Tú eres quien lo desea, no él, y hasta que no se lo exijas, él no va a mover un dedo.

3. Si no te has ido porque el sexo es bueno

Todos esos juegos pirotécnicos nocturnos sólo te van a dejar una sensación de vacío y soledad en la mañana. Hay un gran número

107

de mujeres que te dirá sin siquiera pensarlo: "No lo soporto, no hace esto, no hace lo otro, pero, amiga, cuando estoy en la cama con él, ¡las luces giran y las estrellas iluminan el cielo!". Su habilidad física es tan extraordinaria y el momento de gratificación tan adictivo, que eres capaz de soslayar todo lo negativo a cambio de un momento pletórico de emoción sexual. Pero déjame decirte algo: él no es el único que te puede satisfacer. Si realmente quieres experimentar algo increíble, encuentra a un hombre que te trate de la forma en que debes ser tratada, un hombre que te adore de la manera que mereces ser adorada, y que cumpla los deseos de tu corazón. Ve lo que se siente. Y respecto a: "me hace ver estrellas" y "hay explosiones en el cielo", mientras continúes liada con el tipo incorrecto, estarás disminuyendo tus posibilidades de obtener una verdadera satisfacción.

4. Si no te has ido porque la posición económica es buena

Tienes que saber que le estás vendiendo tu felicidad al mayor postor. Digamos que él es el proveedor principal, gana más que tú o, tal vez, la mitad que él aporta es esencial para el estilo de vida al que te has acostumbrado. Si te vas, recibirás un fuerte golpe, tal vez pasarás de una mansión a un departamento, de un auto de lujo a un compacto, de un ingreso para gastos a un escenario en donde vas a estar muy apretada y viviendo día a día. Pero, ¿acaso la felicidad no lo vale?, ¿tú le puedes poner precio a tu felicidad?, ¿cuánto cuesta?, ¿vale 36,000 dólares al año?, ¿100,000?, ¿un millón? ¿En verdad la casa, los dos autos adicionales y las compras en tiendas de moda, compensan la miseria en que estás viviendo? Si te vas, tal vez perderás en lo financiero, pero vas a ganar felicidad, tranquilidad y autoestima, y todo eso es invaluable.

TIENES QUE ESTAR DISPUESTA A CANJEAR TUS FICHAS

Una vez que hayas considerado todo lo anterior, cuando hayas pensado lo ilógico que es aferrarse a un hombre que se niega a darte lo que quieres, entonces vas a tener que dar un paso muy difícil y a dejar de apostar con tu vida, porque eso es justamente lo que estás haciendo. Vas de mesa en mesa, ganando a veces y perdiendo otras, juntando fichas antes de perderlas. Esto no es Las Vegas, nena. Lo que te sucede en algún momento te persigue el resto de tu vida. Casarse es algo más que un bonito vestido o el sabor del pastel que vas a servir, es algo más que decidir a quién invitarás y el tamaño del diamante del anillo. En ese pedazo de papel que dice que estás legalmente vinculada a un hombre, también se incluyen muchos derechos. Si algo le sucede al esposo, su empleador y Seguridad Social le pagarán las prestaciones a la esposa y a los niños. Si él se enferma y se tienen que tomar decisiones en el hospital, la novia no va a tener poder de decisión (a pesar de vivir en unión libre). Y no va a importar cuánto tiempo lleve la novia con el hombre, ni cuántas veces hayan hablado de lo que él deseaba que se hiciera en caso de llegar a una situación de vida o muerte, la esposa es quien tiene el poder. Si un hombre decide terminar con una mujer con quien ha sostenido una relación larga y quien le ayudó a acumular cierta riqueza, la ex novia no tiene ningún derecho sobre el dinero que reunieron juntos. Sin embargo, si están casados, ella se lleva la mitad.

¿Por qué apostar con tu vida de esa manera? Cualquier cosa podría suceder el mes siguiente y tú no tendrías ninguna forma de demostrar todo el esfuerzo y trabajo que has invertido. Créeme, él tiene demasiados bienes: te tiene a ti, tiene el sexo, tiene el apoyo emocional, tiene tu lealtad y, además, tiene la libertad de dejarte en el momento que se le dé la gana sin sufrir grandes consecuencias. ¿Acaso tú no deberías tener lo que quieres también? Si quieres que él se comprometa, tienes que decirle que vas a canjear tus fichas, que te vas a ir y lo vas a dejar. De otra forma, te lo repito, los hombres no van voluntariamente al altar. Puedes decirle a tus niños todo el día: "Si hacen esto o aquello, se van a meter en serios problemas conmigo", pero hasta que no les muestres lo que les va a suceder si no te obedecen, van a continuar probándote. Detesto comparar a los niños con los hombres, pero tengo que ser realista.

No permitas que te haga eso un hombre, toma tus fichas, dirígete a la caja y canjéalas. Hazle saber que si no te da lo que quieres, la consecuencia será que se quedará solo, que lo abandonarás. No existe manera alguna de que un hombre actúe si no tiene una razón para hacerlo, y la principal razón por la que hacemos las cosas es para llamar la atención del sexo opuesto. Es un hábito demasiado arraigado del sexo masculino. Vamos a la universidad porque sabemos que habrá chicas ahí. Vamos a la universidad y obtenemos el título para poder conseguir un buen trabajo y poder atraer a las mujeres con el dinero. Queremos ser la estrella del equipo de futbol americano y presumir que somos el mariscal de campo porque a las chicas les encanta nuestra chamarra con la inicial de la universidad. Los niños corren más rápido, escalan más alto y saltan mucho más alto, cuando saben que las niñas los están mirando. Si saben que una niña los observa, pueden noquearse entre ellos, en serio. Mi familia y yo fuimos de vacaciones hace poco. Mi hijo, Wynton estaba con su hermana Lori en la playa y en cuanto dos chicas brasileñas se metieron a nadar, él comenzó a pararse de cabeza en el agua. Tuve que correr y sacarlo porque el idiota estuvo a punto de ahogarse: tosía agua agitado y se tallaba los ojos para calmar el ardor que le produjo el agua salada, y todo porque se le ocurrió ponerse a alardear frente a estas niñas. Unas semanas después, casi me noquea cuando, al bajar las escaleras me fumigó con la lata entera de desodorante TAG que se había echado después de ver un comercial en donde diez muchachitas saltan encima de un tipo que usaba el desodorante. Todo eso lo hizo por una sola razón: porque quería captar la atención y el corazón del sexo opuesto.

La costumbre no cambia con la edad, sólo que hacemos cosas diferentes para atraerte y, además, escuchamos con atención y obedecemos tus reglas y órdenes si sabemos que la consecuencia de no hacerlo sería perderte. En una ocasión, la abuela de un amigo me dijo que tu ex siempre se convierte en la mejor mujer del universo en cuanto la vez del brazo de otro hombre. Y, amiga, permíteme decirte que eso es algo que no podemos ver: a la mujer con la que tuvimos intimidad, con quien vivimos, con quien construimos un futuro y con quien soñamos tiempos mejores, del brazo de otro hombre. Es algo que no podemos tolerar.

Claro que también existe la posibilidad de que cuando pongas tu ultimátum, él sea quien se vaya. Si es así, déjalo ir. Que se largue. Si él estaba dispuesto a dejar atrás lo que tenías que ofrecerle, entonces, de cualquier forma, no valía la pena. Sí, claro que invertiste tiempo en este tipo, lo amaste y quieres estar con él, pero recuerda que también quieres lo que *tú* deseas, y tienes el derecho a exigirle que se comprometa, tienes el derecho a sostener tu decisión.

Por otra parte, así como los hombres no cambian, pues las mujeres tampoco. Eso está bien. Si quieres algo a los veinticinco años, igual lo vas a querer a los treinta y cinco. Lo que no es correcto es que comprometas tus requisitos sólo para justificar la relación que tienes con un hombre que no te da lo que más quieres. Sentar cabeza significa comprometerse. Tampoco es correcto que entierres tus deseos y tus necesidades a cambio de seguridad, protección, respeto y apoyo. Si cedes, si te acomodas a sus deseos, y haces a un lado lo que quieres, entonces estás poniendo en riesgo tu libertad. Si tú no eres feliz, entonces no lo puedes amar de la forma en que él necesita ser amado, es decir, no lo apoyas, no le eres leal y, por supuesto, tampoco tienes ganas de darle el bizcochito. Y si él no tiene esas tres cosas, la relación se torna más disfuncional y menos placentera hasta que, finalmente, alguien se va.

Yo no te estoy pidiendo que cambies por él, te estoy diciendo que debes entender cómo piensa, que debes establecer tus requisitos y mantenerte firme para poder obtener lo que *tú* quieres: compromiso. Si él no te lo puede dar, si se niega a dártelo, entonces deja de perder en la ruleta. Lleva tus fichas hasta la ventanilla y dile que ya no vas a apostar más tu vida. Es posible que él se vaya, pero si sabe lo que hay en su corazón y te ama, entonces se quedará.

De cualquiera de las dos formas, a largo plazo quien gana eres tú.

La conclusión es que el mundo está lleno de hombres que están perfectamente capacitados para comprometerse y dispuestos a hacerlo. Tienes que poner tu casa en orden, tienes que aplicar tus estándares y requisitos, tienes que ejercitar el poder que tienes sobre tu relación, y tienes que estar dispuesta a irte. No estoy diciendo que el viaje será corto o sencillo, pero va a valer la pena.

Doce formas de saber si tu hombre está preparado para comprometerse

1. Te lleva a su iglesia, santuario o a su sitio preferido.

2. Piensa en ti cuando no estás y también cuando estás cerca.

3. Cambia su número de teléfono para que ninguno de sus amores del pasado lo pueda contactar.

4. Te permite ayudarle a escoger su guardarropa.

5. Cualquier hombre que usa un atuendo que sí combina está totalmente listo para el compromiso porque, seguramente ya perdió el respeto de *todos* sus amigos.

6. Tiene un nombre cariñoso especial para ti, y no permite que ninguno de sus amigos lo escuche, algo como "Cachorrita". Créeme, él sabe muy bien que si sus amigos se llegan a enterar, sabrán que está amarrado a ti; y aunque es *tu* nombre de cariño, cuando lo vean van a empezar a molestarlo y a llamarlo a *él*, "Cachorrita".

7. Para él es más importante hacerte feliz a ti que a él.

8. Ya te vio despeinada y sin maquillaje, y de todas formas te sigue llamando.

9. Ya conoció a toda tu familia y, a pesar de eso, sigue dispuesto a asistir a las reuniones familiares.

10. Sabe que tus hijos están locos y que tienen pésimos hábitos, pero de todas formas los ama.

11. Ya vio a tu madre en acción y, a pesar de eso, continúa creyendo que tú y él pueden ser una buena pareja.

12. Te permite conocer a toda *su* familia a pesar de saber que eso podría cambiarlo todo.

Sólo para damas...

A VECES, EL ROMPIMIENTO ES UNA BENDICIÓN

Yo sé que es muy difícil dejar a alguien a quien amas; es muy doloroso, emotivo, y además, te deja una herida que duele como si estuviera abierta. Sin embargo, en medio de la tormenta siempre llegará una bendición, te lo aseguro. Sólo tienes que aprender a reconocerla y a reclamarla para ti. Es muy común que las mujeres se queden en una relación porque ya invirtieron demasiado tiempo en ella. Lo hacen a pesar de que las peleas son constantes, de que tienen muy poco en común con su pareja, y que han crecido en direcciones contrarias. Conozco parejas casadas que ni siquiera se caen bien y, a pesar de eso, continúan juntos. Yo te pregunto, ¿a qué te estás aferrando? Tienes que saber que, si te sueltas, lo más seguro es que te despiertes sintiéndote tranquila. Las discusiones se habrán ido, las peleas también. Vas a poder hacer todo lo que quieres hacer para ti sin tener que atender a un hombre que no aprecia tus acciones. Pero primero tienes que recordar de quién te estás separando: si este hombre te puso el cuerno, te mintió, abusó de ti, te dejó sola y te hizo preguntarle todo el tiempo en dónde estaba, entonces no estás dejando mucho atrás. Termina con eso y enfócate en reclamar tu bendición. Tal vez llegues a sentirte herida, sola y con miedo de volver a jugar el juego del amor, pero es justamente el tiempo que necesitas estar contigo misma para colocarte en una situación mejor y descubrir cuáles son los planes del Creador para ti. Tal vez Él tiene un plan que requiere que estés sola y disponible. La mayor bendición es que podrás reinventarte a ti misma, ser quien

115

quieres ser, en lugar de ser aquello que tenías que ser sólo para lograr que aquella relación funcionara. Yo he sido testigo de las bendiciones que nos llegan en cuanto nos abrimos al cambio. Si yo me hubiera empeñado en convertirme en actor, te puedo asegurar que no habría tenido el éxito del que ahora gozo. Si sólo me hubiera enfocado en la comedia en vivo, jamás habría llegado a tener el *Steve Harvey Show*. Si me hubiera quedado en el *show*, jamás habría llegado a la radio. Si me hubiera clavado en la radio, nunca habría escrito el libro. Si no hubiera escrito el libro, jamás habría alcanzado el éxito internacional que me han brindado mis lectores. Yo estoy todo el tiempo tratando de reinventarme, y tú no deberías tener miedo de intentarlo. Si estás saliendo de una relación enfermiza, la bendición será que él ya no va a poder aventarte por las escaleras nunca más; si estás saliendo de una relación con un hombre infiel, la bendición es que ya no vas a tener que sentarte toda preocupada a pensar en dónde y con quién está pasando toda la noche. Si estás saliendo de una relación en que tus hijos te veían discutir y pelear llena de ira todo el tiempo, la bendición es que tus niños ya no tendrán que ser testigos de tus sentimientos de tristeza y depresión, te van a poder ver feliz de nuevo. Mira el lado positivo y "enfócate en ti". Retoma los pasatiempos que disfrutabas antes de unirte a él. Sal con tus amigas como solías hacerlo antes de que la relación se convirtiera en lo más importante. Invierte una buena cantidad de tiempo en pensar qué es lo que realmente quieres hacer antes de involucrarte en otra relación. Y cuando esa "nueva tú" surja, será una mejor persona. ¿Y sabes lo que esa mejor tú va a atraer? Atraerá a un hombre mejor. Tanto la nueva tú como el hombre serán una bendición.

2. Dejémonos de juegos

¿Cómo hacerles a los hombres las preguntas correctas para conseguir las respuestas reales?

Lo admito, a pesar de que aseguramos ser muy simples, los hombres podemos comportarnos como seres muy engañosos, en particular cuando se trata de mujeres. Somos los amos del engaño, racionamos nuestro afecto en gotitas que usamos para apartar nuestro lugar mientras decidimos si queremos permanecer contigo o iniciar la marcha hacia la siguiente conquista. Te vamos a enviar un mensaje de dulzura para mantenerte en éxtasis, pero después, desapareceremos durante días. Pasaremos todo un mes sacándote a pasear y a cenar para hacerte sentir que la química entre nosotros es sorprendente, y luego, cuando llegue el momento de explicar con exactitud cuáles son nuestras intenciones respecto a la relación, nos enclaustraremos como ostras. Todo esto lo hacemos sólo porque podemos hacerlo. También lo hacemos porque las mujeres nos lo permiten. Muchas mujeres nos lo permiten porque tienen miedo de lo que podría pasar si no lo hacen: tendrían que empezar desde el principio con un nuevo hombre o solas.

Tanto en *Actúa como dama pero piensa como hombre*, y en el apartado "El callejón sin salida", mencioné que las mujeres que verdaderamente están interesadas en encontrar al hombre indicado tienen que sobreponerse al miedo de perder al tipo con quien están involucradas. Porque en el momento que pierdes el miedo, los hombres pierden su poder sobre ti. Si un hombre siente que puede salirse con la suya, te faltará al respeto, no se esforzará en la relación y postergará el compromiso. Por lo tanto, tu tarea es no permitirle que se salga con la suya. Claro que esto exige que pares en seco la estupidez desde el principio, antes de que este hombre te enganche. Si logras hacerlo, tendrás claridad, y, sin que se interponga la emoción, podrás decidir si en verdad deseas continuar en una relación con él. Hay mucha información que puedes averiguar sobre un tipo antes de involucrarte demasiado, lo único que tienes que hacer es formular las preguntas adecuadas. Por supuesto, debo aclarar que aquí no me refiero a las cinco preguntas generales que toda mujer debe hacerle a un hombre cuando apenas lo está conociendo, aunque ésas también deberás hacerlas en algún momento (ver Glosario). Como lo expliqué en mi primer libro, las cinco preguntas te ayudarán a descubrir lo que esta pareja en potencia quiere de la vida y lo que quiere obtener de su relación contigo.

El hecho de aprender a explorar sus respuestas te ayudará a llegar hasta el fondo de este hombre y a reconocer si tiene lo que buscas para una relación duradera.

Para tener éxito, tienes que esforzarte y entender un rasgo básico de los hombres: sin importar la pregunta, siempre te vamos a dar la respuesta que nos haga quedar mejor. Es así de fácil y sencillo.

Te puedo apostar que en toda la historia de tus relaciones, jamás has encontrado a un hombre que se presente y te hable de todos sus defectos y sus malos hábitos en las primeras citas. Eres una mujer adulta y sabes que todo mundo tiene cola que le pisen, todo mundo tiene defectos y un pasado. Sin embargo, si lo que todos los hombres te cuentan sobre sí mismos fuera cierto, ya habrías encontrado a tu príncipe azul. ¿Por qué no estás todavía con el hombre *perfecto*? ¿Por qué? Porque nadie es así de bueno.

Los hombres saben que ansías que alguien te quiera y te necesite, y se aprovechan de esos puntos vulnerables. Nosotros manipulamos nuestras respuestas y las impresiones que causamos para hacerte creer que somos el hombre que puede llenar todas esas necesidades y deseos, es decir, te vendemos el "y fueron felices para siempre". Si le dices a un tipo que estás buscando a un hombre que sea capaz de comprometerse, y si el tipo está genuinamente interesado en ti, no va a tener ninguna reserva en decirte que él también quiere ese tipo de exclusividad, que seas sólo para él. Lo que no te va a comentar, claro, es que la última relación que tuvo no funcionó porque le puso el cuerno a su novia. Si le dices a un hombre que te gustaría involucrarte con alguien que se lleve bien con los niños, te va a abrumar con estas historias acerca de cuánto quiere a sus sobrinos y a sus sobrinas. Pero, claro, se va a guardar la información sobre el hecho de que tiene muchos problemas con la madre de sus hijos y que sólo los ve una vez cada dos meses. Te puedo garantizar que, en una primera cita, tampoco te vas a enterar de sus problemas crediticios, de que fue desalojado, o de que, hasta hace cinco semanas, seguía viviendo con su madre. En lugar de eso, este tipo

119

va a hacer hasta lo imposible por mostrarte su moderno reloj, su costoso traje y el auto que estuvo a punto de perder en su crisis económica personal más reciente.

Los hombres hacemos este tipo de cosas porque creemos que, si soltamos la información demasiado pronto, no vamos a conseguir la presa, es decir, a ti. Tienes que recordar que en el fondo, en realidad, nos parecemos mucho a los pavo reales de colorido plumaje o al león de enorme, peluda y anaranjada melena. Somos igual que el pavo real macho que despliega sus plumas y que el león que se para en medio de la manada para atraer a las leonas. Para impresionar a las mujeres, los hombres siempre alardean de su dinero, sus autos, su ropa, relojes y sus puestos de trabajo. El hombre sabe muy bien que no va a enganchar a una mujer si le cuenta que está en bancarrota, que no tiene ninguna responsabilidad importante en su trabajo, o que su ex esposa lo visita todos los jueves para pintarrajear con pintura roja en la puerta del garaje: "Este tipo es un incumplido de primera". El individuo sólo se cubre a sí mismo con una fascinante envoltura de regalo para que lo compres.

Vamos, admítelo, las mujeres les hacen a los hombres, máximo, dos preguntas antes de decidir que tal vez él es el indicado. Como nosotros ya sabemos eso muy bien, vamos a responder la primera pregunta de tal suerte que te acercarás a nosotros como si quisieras percibir el aroma de una rosa. Si haces otra pregunta para aclarar la primera respuesta, encontraremos la manera más ingeniosa de decirte lo que quieres escuchar. Y cuando un hombre te dice todo aquello que lo hace quedar como el mejor, tú sólo escuchas lo que quieres escuchar, y en lugar de hacer más preguntas y llegar al fondo del asunto, te fabricas una nueva realidad. Te sientes tan enamorada con su verborrea ("quiero comprometerme, me encantan los niños, trabajo mucho, me encanta cocinar, sé mucho de arte"), que te abstienes de hacer más preguntas y de inmediato comienzas a pensar. "¡Es él! ¡Es él! ¡Oh, gracias Dios mío, al fin lo encontré!". Tomas lo mejor que él te ha dado hasta ahora, es decir, sus respuestas a esas dos primeras preguntas, haces un bulto con las palabras y las interiorizas, y luego las usas para justificar que te enamoraste de quien tú crees que es el hombre "ideal". Haces todo lo anterior, sin ponerte a pensar (hasta que ya es demasiado tarde) que si hubieras explorado con más cuidado, te habrías acercado más a la verdad sobre el tipo de persona que en verdad es.

En realidad no cavas lo suficiente porque tienes miedo de que, si las respuestas van a lo profundo, él salga corriendo y tú pierdas a un buen partido. Él no te dice la verdad completa porque tiene miedo de no resultarte tan atractivo. Ahora todo mundo siente temor y trata de eludir la verdad *íntegra*.

No caigas en el cuento de hadas. Por supuesto, los hombres se harían un gran bien si te ofrecieran la información más relevante desde el principio porque, si lo hicieran, no sólo no podrías acusarlos de mentir (una falta que le añade muchos más topes al camino que conduce a una buena relación), también podríamos darte un panorama más completo de quiénes somos. Es muy común que nosotros, los hombres, obstaculicemos el crecimiento de una relación porque, desde una etapa muy temprana, producimos un elemento de desconfianza. Generalmente lo hacemos al guardarnos aquella información que es vital para que la mujer tome una decisión sólida. Cuando le ocultamos a la mujer información que ella considera que debió ser presentada desde el

121

principio, comenzará a cuestionarlo todo, sin que la legitimidad de las intenciones del hombre sea relevante.

Entonces, ¿deberían los hombres ofrecer toda la información desde un principio? Claro que sí, eso sería lo justo. Pero, por supuesto, no nos vamos a aventar a hacerlo porque la verdad íntegra nos hace vernos mal ante ti. Además, decir toda la verdad nos arrebata de las manos la posibilidad de "cazar y capturar", y te otorga a ti todo el poder de decidir sobre el futuro de la relación. Si un hombre es franco desde el principio, entonces tú podrías darte cuenta de que las relaciones que tuvimos en el pasado podrían afectar nuestro futuro juntos, también podrías procesar la información y tendrías la capacidad de decidir por ti misma si quieres lidiar con todo el bagaje negativo que acompaña a las cosas buenas de las que ya te habló. Claro, hay algunos hombres que de inmediato van a sacar los trapitos sucios al sol, pero eso es muy raro. Muy, muy raro. Así que, por desgracia, la pesada tarea de llegar a la verdad, es toda tuya.

La única forma de llegar a la verdad es cavando más profundo.

¿Qué no estás cansada de ser la víctima?, ¿de que jueguen contigo?, ¿cansada de creer que tienes a alguien y luego descubrir que no es quien te dijo ser? Deja de soltar el bizcochito antes de tener toda la información. Primero consíguela y luego decide si te conviene compartirte con él.

Como nosotros rara vez cambiamos, te puedo asegurar que no necesitarás más de tres preguntas:

La pregunta número 1 te va a dar la respuesta que nos hace lucir mejor.

La pregunta número 2 te va a dar la respuesta que creemos que quieres escuchar.

La pregunta número 3 te conducirá a la verdad.

Después de eso, nuestra única opción es decir la verdad porque nuestra capacidad inventiva no es tan buena como para enfrentar la intuición que ustedes poseen, en particular cuando nos ponen a prueba de esa manera tan sutil que sólo las mujeres pueden lograr. Observa:

Pregunta número 1

"¿Por qué terminó tu última relación?".

La respuesta que lo hace quedar bien: "Bien, pues yo estaba tratando de dar lo mejor de mí, trabajaba duro para darle lo que necesitaba, pero ella no pudo entender la ética de mi trabajo y ya no lo soportó más".

El desglose: Esta respuesta lo hace lucir como un hombre trabajador que está dispuesto a construir para el futuro. También juega con los instintos naturales que tiene la mujer de ser protectora. Esta respuesta te hace pensar: "Yo nunca dejaría a un hombre que da lo mejor de sí, más bien me enfocaría en apoyarlo".

Pregunta número 2

"¿Habrías continuado con la relación si ella te hubiese apoyado más?".

La respuesta que quieres escuchar: "Por supuesto. A mí me gusta comprometerme. Quiero estar con alguien que me entienda, que quiera estar conmigo y comprenda lo que soy. Estoy buscando precisamente a una mujer que quiera y que pueda comprometerse con su hombre y apoyarlo".

El desglose: aquí te está diciendo lo que quieres escuchar, que es un hombre que se compromete, que busca una relación duradera, y que está dispuesto a hacer lo necesario para cuidar de ti. Este hombre conoce toda la verborrea con la que te puede enganchar, ahora sólo se va a sentar a esperar que llenes los espacios vacíos. Lo imaginas saliendo de casa por la mañana, con el portafolio en la mano, dirigiéndose a trabajar duro para ti y para la familia. Después, lo puedes ver volviendo a casa para acariciarte y abrazarte con fuerza hasta que te quedes dormida. Claro que no te mencionó nada sobre los otros asuntos, sólo te dijo lo que querías escuchar. No caigas en el engaño, llega hasta el fondo del asunto con la...

Pregunta número 3

"Bien, si tú la apoyabas, buscabas lealtad, y si eres un hombre trabajador y un excelente proveedor, ¿cómo es que pudo terminar la relación? ¿Qué fue lo que sucedió para que ella dijera, «ya no puedo soportarlo»?".

La verdad: pues yo estaba tratando de encontrar el apoyo que no encontraba en casa y conocí a una mujer que era más solidaria y leal.

El desglose: la única opción que le quedó fue admitir que lo que condujo al rompimiento fue una infidelidad, y no, que su mujer no lo apoyara. Claro que existen algunos matices en el hecho de que terminó poniéndole el cuerno, pero el caso es que la relación se acabó porque él fue infiel, porque rompió una regla esencial. Ahora sabes que es un hombre trabajador que necesita apoyo y lealtad para estar en una relación, pero también sabes que es capaz de engañar a una mujer si siente que la relación no le está brindando lo que necesita.

Aquí tienes otro ejemplo

En mi programa de radio, *Steve Harvey Morning Show*, entrené a una radioescucha para que indagara con mayor profundidad con las preguntas que le hacía a su hombre. Ella me escribió diciendo que sospechaba que él no era el tipo de padre que le había dicho que era. "Él dice que es un gran padre —me escribió—, y habla muy bien de su hijo y de su hija…".

125

Pregunta número 1

"¿Cómo es tu relación con tus hijos?".

La respuesta que lo hace quedar bien: "Genial. Cuando estamos juntos es como magia. Mi hijo es igual a mí, fuerte y atlético. Mi hija es inteligente y hermosa. Son chicos increíbles".

El desglose: esta respuesta lo hace ver como un papá fantástico, comprometido con sus hijos y empeñado en formar buenos seres humanos. Tal respuesta atiende tu deseo natural de conseguir un hombre que participe con fidelidad y alegría en la crianza de la familia que esperas tener algún día.

Pregunta número 2

"¿Cómo te llevas con la madre de tus hijos?".

La respuesta que quieres escuchar: "Muy bien. Por el bienestar de los muchachos, tratamos de llevar la fiesta en paz. Ella no coopera mucho pero, por mis hijos, vale la pena el esfuerzo".

El desglose: te está diciendo lo que quieres escuchar, se está retratando como el bueno que estuvo en una relación que salió mal, como el hombre que está dispuesto a sufrir y a esforzarse para estar con sus hijos. En este momento, ya luce como un superhéroe ante tus ojos porque, para una mujer, no hay nada más *sexy* que un hombre que doblaría barras de acero y saltaría edificios para estar con sus hijos. Te comienzas a imaginar que acaricia tu embarazado vientre y que les lee un cuento a los bebés; que se posa frente al asador y cocina para toda la familia mientras tú contemplas con admiración a tu magnífico hombre. Lo que no notaste fue que también te dijo que su ex esposa no coopera para que él pueda ver a los niños y que sólo los ve cuando ella lo permite, lo cual no necesariamente significa que los ve con frecuencia. Y, claro, también significa que sus encuentros no siempre son en circunstancias agradables. Así que, llega hasta el fondo con la...

Pregunta número 3

"Si tú y la madre de los niños no se llevan bien del todo, ¿eso afecta tu relación con ellos?".

La verdad: Bien, como no nos llevamos bien, se me dificulta verlos con frecuencia. Los veo como una vez al mes y a veces hablamos por teléfono. Siempre hay cierta distancia por las broncas con mi ex.

El desglose: la única opción que le quedó fue admitir que tiene problemas con la madre de sus hijos y que, debido a eso, no puede ser el súper padre que te dijo que era. Tal vez, la madre de sus hijos tiene buenas razones para reducir el tiempo que permite que los niños lo vean, o sólo está loca. Cualquiera que sea el caso, si inicias una relación con este hombre vas a tener algunas dificultades. Para empezar, tendrías que soportar la dramática e inestable relación que tiene con la madre de sus hijos, así como algunas fallas que podría tener como padre.

Llegar hasta el fondo de esa respuesta te permite tomar una decisión informada sobre si quieres comenzar una relación con este tipo. No es difícil hacerlo, las mujeres son seres inquisitivos por naturaleza. De cualquier manera, tú y tus amigas se hacen estas mismas preguntas cuando hablan sobre sus citas. Tú y ellas llegan al fondo del asunto con mucha rapidez. Haz lo mismo con él, deja a un lado todas las nociones románticas, y observa con los ojos bien abiertos y con claridad en la mente.

Cuando comenzamos a salir de nuevo, mi esposa, Marjorie, condujo muy bien su investigación. Claro, ella ya sabía de mis tejemanejes. Como soy una figura pública, había bastante información negativa por ahí suelta, lo único que ella tuvo que hacer fue buscar en Google. Todo lo que quería saber sobre mí, apareció en la pantalla: lo bueno, lo malo, lo feo y las mentiras. Todo estaba ahí, a su alcance, en la punta de sus dedos. Cuando toqué a su puerta, ella ya sabía de mis relaciones personales que no habían llegado a buen fin. Yo tuve la ventaja de que Marjorie ya conocía al verdadero Steve, habíamos sido amigos durante veinte años y, antes de volver a reunirnos, ya habíamos salido en algunas ocasiones. Así que pues ella también estaba al tanto de lo bueno que había en mí. Y había bastante. Sin embargo, Marjorie sabía que, para descubrir si realmente estaba preparado para compartir lo mejor de mí con ella, tendría que proporcionarle algo de información adicional. Lo primero que me preguntó fue por qué no habían funcionado mis primeros dos matrimonios. Yo ya tenía una explicación preparada: "Me la pasaba de gira y eso me mantenía mucho tiempo fuera de casa", le dije en términos simples. "La separación se hizo mayor, nos mantuvo alejados y yo no estuve ahí como se necesitaba. Estaba trabajando y tratando de lograr algo para nosotros pero, llevar mi sueldo a casa, ya no fue suficiente".

Marjorie era demasiado hábil y mi sutil intento de terminar su interrogatorio señalándole que era un hombre comprometido y trabajador, no funcionó. Continuó preguntando: "Pero, ¿qué fue específicamente, lo que te hizo decidir que esos matrimonios no eran para ti? ¿Acaso es que el matrimonio, tal cual, no te convence?".

Saqué mi estrategia para contestar eso, le dije lo que pensé que ella querría escuchar. "Pues soy un romántico y estoy enamorado de la idea del matrimonio. Quiero una relación con compromiso, una familia, y eso no ha cambiado a pesar de que los primeros dos matrimonios no funcionaron. He logrado mucho, pero realmente quiero alguien con quien compartirlo, una mujer que me pueda ser fiel, que me apoye para que yo pueda salir y hacer lo necesario para cuidar a nuestra familia, una mujer que quiera compartir todas las bendiciones que tengo en la vida". Le di detalles sobre cómo sucedieron las cosas, le dije que mi primer matrimonio terminó poco después de que me fui para convertirme en comediante, y también le conté algunos de los problemas de mi segundo matrimonio.

En ese momento pensé que lo había logrado, que había dicho lo necesario para enganchar a Marjorie y hacerla creer que podía estar conmigo. Pero ella fue implacable, necesitaba que le diera más. No lo hizo porque estuviera tratando de hacerme pasar un mal rato, sino porque en realidad necesitaba asegurarse de que su corazón estaría protegido. Verás, ella ya había pasado por dos matrimonios que tampoco funcionaron, y ahora se encontraba en una buena posición, estaba criando a sus hijos, trabajaba con ahínco y sabía muy bien lo que necesitaba obtener de su siguiente relación. Me dejó muy claro que no necesitaba una pareja para ser feliz, que no le incomodaba estar sola, pero que si iba a involucrarse en otra relación, no sólo necesitaba asegurarse de estar lista para ella, también necesitaba estar segura de que el hombre que sería su pareja, también estaba preparado. Unos días después de nuestras primeras conversaciones, Marjorie me lanzó la tercera pregunta: "Ya entendí que cuando comenzaste a ser comediante, las cosas ya no fueron lo mismo, pero, ¿por qué te fuiste? Ayúdame a entenderlo".

Ya le había dicho lo que me hacía quedar mejor (soy un hombre muy trabajador), y en la segunda conversación le dije lo que pensé que querría escuchar (soy un romántico que busca una pareja para compartir este viaje). Pero, ¿y la respuesta para la tercera pregunta? Ya no quedaba mucho espacio para poner tapetes y cojines, no había posibilidad de adornar las ventanas con cortinas ni sobreponer falsos acabados en los muros para mejorar mi apariencia. Se me habían acabado los ornamentos para decorar la verdad y me quedaba claro que ella no iba a dejar de preguntar hasta llegar al fondo. Entonces, tuve que darle la verdad. Cuando me abrí hacia ella, le revelé que, la primera vez, me había casado demasiado joven, que nunca debí haberme convertido en el esposo de nadie a los veinticuatro años. No estaba preparado en ningún sentido, así que los problemas en aquella relación provenían de mí. El culpable había sido yo, no mi ex esposa. En aquel matrimonio proclamaba mi amor por ella y la protegía, pero, sencillamente, no había sido capaz de *proveer* de manera significativa. No sólo no había podido proveerle lo necesario, tampoco tenía un plan para hacerlo en el futuro.

Desde los nueve años había descubierto que quería estar en la televisión, pero no estaba haciendo lo necesario para que eso sucediera. Había ido a la universidad, pero me corrieron. Cuando trabajaba en Ford Motor Company, soñaba con convertirme en una estrella pero no tenía ninguna estrategia real y tangible para lograrlo. "Mi ex esposa no creía que yo tuviera futuro, y, francamente, ni siquiera yo estaba seguro de poder vislumbrarlo", le dije a Marjorie. "Sin embargo, le guardaba resentimiento a ella y a todas las demás personas que no apoyaban mi opinión. Así que eso me impidió continuar con la relación".

También le conté que la segunda ocasión que me casé, mi carrera estaba en auge, pero que, por desgracia, había comenzado a disfrutar el fruto de mi labor en una forma que resultó destructiva para mi relación. Las razones por las que lo hice, no importan; el asunto es que cuando me vi forzado a cavar profundamente en el tema de lo que había salido mal, no lo hice de la forma indicada para llegar a tener un matrimonio exitoso.

Con su interrogatorio, Marjorie realmente logró llegar al fondo de mi verdad. Y cuando admití que me había sentido amargado, que no había contado con un plan, y que había dejado a mi primera esposa porque no tenía *mis* asuntos en orden, me vi, por todos lados, como un tipo bueno. Por otra parte, admitir que había engañado a mi segunda esposa no me iba a facilitar las cosas. Pero era la verdad, y esa verdad le dio a Marjorie la oportunidad de lidiar con la idea de lo que tendría que enfrentar. Además, me permitió profundizar en el hecho de que tenía que corregir mis propios errores si quería que el matrimonio con Marjorie funcionara.

Después de aquella conversación, Marjorie me observó con más cuidado, se fijó en mis actos y reconoció que había cambiado, que estaba haciendo lo necesario para lograr que nuestra relación funcionara. Cuando estaba de gira, en cada oportunidad que tenía, enviaba a alguien por ella. Marjorie sabía que podía llegar a mi departamento en cualquier momento, que siempre le iba a contestar el teléfono, y que, si ella estaba conmigo, no me iba a ir a acostar con el celular ingeniosamente pegado con cinta a mi muslo sólo para que ella no se diera cuenta de quién me había llamado o enviado mensajes. Marjorie vio a un hombre que estaba soltando sus culpas y que estaba listo para el amor, y eso le gustó. No pasó mucho tiempo antes de que me dijera: "Te quiero, eres el hombre para mí".

Pero ella tenía que llegar a esa conclusión por sí misma y tenía que hacerlo después de reunir toda la información, de evaluarla y de decidir qué es lo que iba a tolerar y qué no. No se comportó con rudeza en lo absoluto, sólo hizo las preguntas indicadas y continuó cavando hasta que llegó al tesoro que buscaba: la verdad íntegra.

Tienes que saber que tú también puedes hacerlo, que vas a tener que ser igual de delicada y persistente. No puedes freír al cuate como si fueras Bill Duke en aquella escena de *Infierno en Los Angeles*, en donde el protagonista está sentado bajo la luz brillante en una sala de interrogatorios, sudando y tartamudeando, mientras Bill lo atraviesa con la mirada y, cada vez que el sospechoso le dice algo, él le recuerda: "Sabes que metiste la pata, ¿verdad?". Créeme que ningún individuo va a querer pasar por el detector de mentiras y los interrogatorios al estilo judicial.

Lo que va a suceder es que, después de algún tiempo, los hombres te vamos a contestar con la verdad. Si haces esas preguntas en algún momento del período de 90 días del que hablé en *Actúa como dama pero piensa como hombre*, tendrás bastante tiempo para llegar a la verdad. Si realmente deseas llegar hasta el fondo, dile al tipo: "Sólo quiero honestidad, cuando un hombre me dice la verdad, me excito en serio", y en cuanto hayas terminado de decírselo, él va a quitar todas las trabas porque, la mera promesa de un poco de sexo espontáneo contigo, funciona como el suero de la verdad en un hombre. "¿Dijiste que la verdad te excita? ¡Ah, *okey*!, Pues estaba yo con estos cuates, ¿sabes?, unos amigos enanos… y luego llegaron unos changos…".

De acuerdo, tal vez no te va a contar sobre su pervertida aventura con los enanos y los changos, pero te puedo asegurar que, si estás dispuesta a hacer lo necesario, él va a tener una mejor disposición para decirte la verdad.

3. LA APARIENCIA LO ES TODO

No permitas que tu día "libre" se convierta en el día de "suerte" de otra

A los hombres no hay nada que los motive más que tus agradables curvas, la suavidad de tu piel, la forma de tus ojos, tus labios carnosos, la forma que toman tus pantorrillas cuando usas esos tacones *sexies* y la manera en que te contoneas al atravesar una habitación, cuando cada parte de tu cuerpo se mueve en una perfecta y deliciosa sinfonía. Todo eso nos vuelve locos. Sin duda, es lo primero que notaremos en ti, en cada ocasión que te volvamos a ver.

No nos interesa dónde trabajas.

Tampoco nos importa cuánto dinero ganas.

De hecho, tampoco nos importa si puedes articular una frase completa (al menos, no en el momento en el que estamos decidiendo que queremos captar tu atención. Sin embargo, ya cuando vamos a elegir una pareja para tener hijos, sí nos volvemos un poco más selectivos).

Cuando un hombre mira por primera vez a una mujer, lo único que le interesa es cómo se ve y cómo se viste, sólo piensa en cómo lucirá ella cuando pasee junto a él tomada de su brazo. Cuando analizamos estos factores, éstas son las conclusiones a las que llegamos respecto a ti:

TE CUIDAS A TI MISMA

Imaginemos que tu piel es un desastre, tus uñas están desportilladas, tus pies lucen como si hubieras corrido un maratón descalza, tu estilista ya ni se acuerda de tu nombre, mucho menos de cómo te cortaba el cabello, y tu guardarropa parece sacado de una comedia de televisión de los ochenta. ¿Qué nos dice eso de ti? Sólo te diré que… nada bueno. Para un hombre, o vaya, ¡demonios!, para cualquier persona, lo que una descripción como la anterior dice a gritos es: "Ni mi rostro, ni mi cuerpo, ni mi ropa, son especiales; no merezco la atención ni el tiempo de nadie, ni siquiera de mí". Sin embargo, una mujer que a todas luces se ve como alguien que sí invierte tiempo en cuidarse –se hace facial y manicura (o, si no puede pagar una visita al spa, organiza el suyo en casa), se maquilla con naturalidad, lleva un peinado que le queda bien y usa ropa y calzado con estilo–, es una mujer que está haciendo una declaración sobre sí misma: "Realmente me agrado y estoy segura de que, con sólo mirarme, te puedes dar cuenta de ello". Los hombres aprecian a las mujeres que se valoran porque, por lo general, eso significa que son mujeres felices con lo que son, y que le otorgan un valor a su autoestima. Claro que no nos molesta decirte que eres bella, pero, si vamos a iniciar una relación contigo, no queremos estar a cargo de hacer que te gustes *a ti misma*. Tratar de lograr eso implica una cantidad enorme de trabajo para un hombre y, antes de echarnos encima esa pesada carga, preferimos irnos con una mujer que luzca como alguien que sí puede cuidarse a sí misma.

Te importa cómo luces ante los hombres

Digamos que eres esa mujer en un club que trae un vestido demasiado entallado, con un escote demasiado pronunciado, con maquillaje demasiado estridente, con cabello que se ve demasiado llamativo y, obviamente, falso, y que viene trepada en unos zapatos de plataforma demasiado altos. Ah, claro que vas a llamar mucho la atención, pero te puedo garantizar que los hombres que se te acerquen, ya habrán realizado unos sencillos cálculos mentales: dos tés helados Long Island + tres bailes + un par de citas medio planeadas sin invertir un gran esfuerzo = un apresurado acostón sin tener que comprometerme en lo absoluto. Esa mujer va a lograr que los hombres la etiqueten en la categoría de "pesca con devolución" con tanta rapidez, que su enmarañado cabello comenzará a girar. ¿Recuerdas lo que dije en *Actúa como dama pero piensa como hombre* sobre la "pesca"? Ella es quien está enviando una señal que indica que no tiene reglas, requisitos ni respeto por sí misma, y que los hombres la pueden tratar como se les dé la gana, sin hacer esfuerzo alguno para lograr una conexión permanente o duradera. De hecho, lo único que vemos en esa mujer es un deslumbrante letrero de luz neón sobre su cabeza que dice: "¡Soy sólo para una noche!", y cuando se termine la diversión, no tendremos que molestarnos jamás en volver a buscarla. La mujer que se viste de manera descuidada, también envía una señal: los hombres asumirán que a) eres incapaz de arreglarte, que no sabes qué hacer para verte *sexy*, y, muy posiblemente, que tal vez también tienes algunos problemas de higiene; b) no te importa cómo luces y podrías avergonzarlo cuando te presente con sus amigos o su familia; c) tu casa es asquerosa. Claro, ninguna de estas ideas lo va a animar, ninguna.

Nosotros nos vamos a acercar a aquella mujer que se viste con limpieza, que luce sexy –en un estilo más sutil y no tan provocador, algo que nos enganche con delicadeza–, que muestra sus cualidades sin regalarlas por ahí, y que aprovecha sus prendas, su peinado y su maquillaje para crear un efecto positivo. Ésa es la mujer que nos dice "Soy hermosa y me vas a respetar; me puedes llevar a conocer a tu madre y a tus amigos sin sentirte incómodo ni avergonzado".

NOS HACES VERNOS BIEN

Esto es de suma importancia para un hombre. Es una de las primeras cosas que nos van a venir a la mente cuando te veamos: "¿cómo se la voy a describir a mis amigos?, ¿cómo se va a ver de mi brazo cuando la lleve a una cena de trabajo?, ¿o a un juego de los Yankees?". Si la llevara a conocer a mi familia, ¿cómo la percibirían ellos? Desde el primer momento que te ve, el hombre ya te está tomando medidas para ver si das el ancho. Él se imagina cómo te vestirás cuando te lleve al parque, cuando vayan a la iglesia, al club, cuando vayan a cenar con sus amigos, cuando te presente con sus compañeros de trabajo, incluyendo quienes toman decisiones importantes sobre la nómina y los ascensos. Nosotros te observamos y evaluamos todo con base en tu apariencia. A veces ni siquiera lo hacemos de manera consciente, pero siempre te calificamos de pies a cabeza y nos fijamos en cómo arreglas tu cabello, cómo se ven tus uñas, cómo te queda la ropa, cómo se ven tus pantorrillas con los tacones, y nos imaginamos cómo se ve tu cuerpo en su estado natural, al desnudo. Si te ves bien, de inmediato comenzamos a pensar que podríamos tener un futuro contigo, que podrías formar parte de la ecuación para nuestro progreso. Si te ves bien, asumimos que podrías ayudarnos a satisfacer los tres puntos de importancia para un hombre: quiénes somos, qué hacemos y cuánto ganamos. Todo esto tiene relevancia porque, para los hombres, la apariencia es lo más importante, lo que percibimos *se convierte* en nuestra realidad. Es algo natural, no nos lo enseñan ni lo aprendemos, es nato. Todos los animales cuentan con alguna característica que los ayuda a verse más atractivos, puede ser que les ayude a lucir como si fueran el más salvaje o hermoso del grupo: los pavo reales tienen un asombroso plumaje de colores, los leones poseen esponjadas y salvajes melenas, y los elefantes tienen colmillos largos y fuertes. Los hombres contamos con dinero y estatus: un buen reloj, un auto de lujo, un empleo envidiable y un buen puesto. Pero, además de eso, tenemos a nuestra dama.

Una mujer bella y con porte nos ayuda a ilustrar los tres elementos que nos motivan, y a consolidar nuestro valor ante el resto del mundo. Si tú vas del brazo de un hombre y luces por completo espectacular, con garbo y porte, entonces todo mundo los va a mirar y se preguntará.. "Vaya, demonios, y *ese* tipo, ¿cómo se ganará la vida? Seguramente lo tiene todo". Porque en el mundo de los hombres, siempre necesitamos ese infaltable viaje de ego sin el cual no podemos vivir. A la mayoría de las mujeres que conozco les encanta ir de compras cuando se sienten tristes.

Nosotros, los hombres, necesitamos una terapia de ego. Así pues, dar un paseo con una mujer a la que consideramos bella, puede brindarnos una sensación tan poderosa como la de conectar un *home run*.

La mujer que capta nuestra atención es una mujer que se cuida, preocupada por la manera en que se presenta al mundo, y que se ve tan guapa que podría levantar nuestro ego. Es el tipo de mujer que logrará que un hombre apure su trago, le dé una palmadita en la espalda a sus amigos y atraviese el salón del club –sintiendo como si fuera un recorrido de treinta kilómetros–, sólo para pedirle que baile con él. Es la mujer por la que él va a caminar por la sección de los vegetales en el supermercado para tratar de entablar una conversación sobre la diferencia entre los tomates Saladet y los Cherry, y todo sólo para poder hablar con ella.

Antes de que te sientas ofendida por lo que estoy diciendo, tienes que tomar en cuenta que a mí me enseñó esta filosofía mi madre, quien, invariablemente, se arreglaba de pies a cabeza antes de salir de casa, y continuó haciéndolo aun después de casarse. Ella les enseñó a mis hermanas a arreglar su cabello, a usar ropa bonita y a ponerse algo de maquillaje antes de salir de casa, sin importar las circunstancias. Les enseñó a hacerlo incluso cuando sólo iban a la tienda de la esquina para comprar goma de mascar. Para ellas era importante entrar a esa tienda y lucir "dignas". "Condúcete con algo de dignidad para que, al menos, si un hombre te ve, piense, «Guau, qué porte tiene esa mujer». Al menos sabrá, de inmediato, que está frente a una persona que cuida de sí misma". Tu vestimenta es una extensión de tu persona, si en verdad estás abierta a una relación, ¿para qué perder la oportunidad de conocer a alguien sólo porque no te dieron ganas de arreglarte antes de salir de casa? Déjame decirte que una mujer soltera que piensa con mucha seriedad en encontrar un hombre no puede darse el lujo de flaquear ni un solo día en este aspecto. En el caso de que "señor indicado" esté por ahí cerca, tienes que estar preparada para lucir como la "señora indicada". Si no luces así, la verdad es que el hombre tampoco va a imaginar que podrías serlo.

En lugar de eso, lo más probable es que ponga toda su atención en la mujer que se tomó la molestia de cuidar su presentación para ir a la tienda. Ese día de "descanso", el día que no te arreglas, podría convertirse en el día de "suerte" para ella, y en ese nanosegundo en que el hombre decide a qué mujer se va a acercar, te puedo asegurar que ganará quien esté preparada para el juego.

Siempre sucede así.

Entonces, ¿por qué no poner en práctica uno de mis lemas preferidos?, uno de los que rigen mi existencia: Es mejor estar preparado para una oportunidad y que ésta no llegue, que tener una oportunidad y no estar preparado. Es algo muy similar a lo que sucede en la oficina. Tu jefe va a decidir cuánto ganas, en dónde te sentarás, cuál será tu puesto y si serás representante de la compañía ante el público. Para tomar esas decisiones, no sólo se va a basar en tu ética del trabajo y en lo que contribuyes a la empresa, también va a tomar en cuenta tu apariencia. Tú sabes bien que es verdad. El jefe no va a elegir al empleado que llega a la oficina con el traje arrugado, cabello despeinado y grasoso, y halitosis crónica, para que se siente en la sala de juntas o para que pronuncie un discurso en la reunión de accionistas. El jefe va a elegir al empleado que invierte por lo menos cierta parte de su ingreso en trajes de calidad, un buen corte de cabello, una manicura regular y una apariencia sólida en general, para que se convierta en el rostro de la compañía, para que sea quien encarne la imagen que quiere proyectar. Entiéndelo, el jefe no quiere que los clientes vean a su representante y saque un montón de conclusiones negativas sobre la compañía basándose en la apariencia de una sola persona.

Justamente el otro día les explicaba esto a mis empleados. Lo hice porque noté que algunos de ellos llegaban a la oficina arrastrándose y luciendo poco profesionales. Les expliqué que yo no debería ser capaz de notar si habían pasado una mala noche o si se habían despertado cansados, no debería notar cosas como éstas con tan sólo fijarme en su cabello o en su vestimenta. Se supone que la apariencia de mis empleados no debería permitirme notar que están pasando por una mala racha. Yo entiendo que tal vez las cosas pueden andar mal en casa, comprendo que a veces suceden imprevistos y que la gente no tiene ganas de ponerse un traje o tacones, sino meterse en unos *jeans* y ponerse unas sandalias, pero, ese tipo de atuendo no tiene lugar en el ámbito profesional. Tenemos que mantener cierta imagen. A mí no me importa cuán cansado me siento, siempre me voy a esforzar en vestirme como se debe y lucir bien. Te aseguro que no voy a salir de casa en *pants* y con la barba de tres días. No me puedo dar el lujo de verme desaliñado, jamás. Porque siempre hay alguien que está observando.

Sucede exactamente lo mismo con las mujeres que están abiertas a una relación. Si tu intención de encontrar un hombre es seria, no puedes darte el lujo de asistir a una fiesta en *pants* y despeinada. Tampoco estoy diciendo que tengas que ir a la tienda de la esquina vestida con traje de noche y aretes de diamantes, para nada. Lo que digo es que, cada vez que sales, tienes que dar un paso hacia arriba. Verse presentable no significa que tengas que lucir perfecta, significa que te tienes que ver pulcra. Si haces eso, lo más natural será que un hombre se fije en ti, que decida lanzarte el anzuelo.

Ah, y además recuerda que necesitas verte bien más allá del primer encuentro y de las primeras citas. Si un hombre todavía se encuentra en el proceso de decidir si quiere iniciar un compromiso contigo, no te puedes arriesgar a mostrarte al natural demasiado pronto. Tienes que hacer las cosas con calma. Es decir, eso de dejarse los rulos puestos, de andar en bata y de no maquillarse, lo vas a tener que dejar para cuando ya esté *completamente* loco por ti, de otra manera, te arriesgas a darle un pretexto para desaparecer en un abrir y cerrar de ojos. Si quieres extender la vida útil de la relación, tienes que lucir bien durante bastante tiempo, hasta que decidan si tienen una buena oportunidad de que las cosas funcionen (y por supuesto, si estás siguiendo mis consejos, eso te tomará por lo menos unos noventa días, ¿verdad? ¡Claro que sí!).

Tengo un amigo que comenzó a salir con una mujer que parecía ser el gran premio cuando la conoció. Muy pocas mujeres podían competir con ella en lo que a verse bien y a conducirse con propiedad se refiere. Mi cuate pudo confirmarlo en las tres citas que tuvo con ella. Pero en la tercera cita, ella lo invitó a su casa para tener un acercamiento realmente más íntimo. Sólo estarían ellos dos.

Bien, pues él fue a su casa. Cuando ella abrió la puerta, andaba en chanclas, sus calcetines tenían agujeros y traía puestos *pants*. El cabello lo tenía recogido y no se había maquillado. Estaba cocinando en casa, así que le dijo a mi amigo: "Creí que era buena idea que hoy nos relajáramos y tomáramos todo con más tranquilidad".

"Acabó por completo con la imagen que me había hecho de ella", me dijo él. "No estaba listo para algo así", añadió.

¿Y quién podría culparlo? Tienes que dejar que un hombre se enamore de ti antes de mostrarle tu "verdadero yo" porque, te guste o no, él no va a sentir que una mujer en *pants* y con calcetas agujereadas sea atractiva.

A veces creo que ustedes se han convencido a sí mismas de que, si nos enamoramos profundamente, las vamos aceptar como son desde el primer día. "¡Le voy a mostrar a mi «*verdadero yo*»!". Pues déjame decirte que él no necesita ver todo eso y tú no tienes por qué revelar todos tus secretos. No tienes que decirle que el día que captaste su atención habías ido al salón para que te cambiaran de castaña a rubia, que traías pestañas postizas y que, para verte bien en ese entallado vestido, tuviste que echar mano de una faja. Antes de comenzar a contarle sobre los gajes del oficio de ser mujer, permite que desarrolle sentimientos más profundos hacia ti.

Yo me casé con mi esposa, Marjorie, veinte años después de habernos conocido. Nos reconectamos muchos años después de, incluso, haber salido por un tiempo. Marjorie jugó muy bien sus cartas cuando volvimos a vernos y se ganó mi admiración por ello. Los cinco o seis primeros meses que salimos, siempre se comportó a la altura, incluso cuando estábamos solos. Si se tomaba una siesta, al despertar siempre se dirigía al tocador para refrescarse antes de regresar conmigo. Esta actitud me envió una fuerte señal porque, cualquier mujer que está con un individuo con cierta popularidad como yo, sabe que también va a estar bajo los reflectores. Al tener detalles como el de mantenerse arreglada incluso cuando estábamos solos, me demostró que si nuestra relación llegaba a ser más profunda, ella podría desempeñar muy bien su papel. Esto no es algo exclusivo de las celebridades cuya pareja aparecerá en las revistas. Todo individuo que gana un salario busca a una mujer así porque, finalmente, él también necesita tener a su lado a una dama que le hará *sentir* que le está yendo bien o, al menos, que le está yendo mejor de lo que en realidad le va.

Por supuesto que Marjorie se siente más relajada ahora que estamos casados. Sin embargo, durante muchos años, lo más relajada que llegó a estar sólo fue suficiente para estar sin maquillaje dentro de casa. Se recogía el cabello en una coleta, pero su piel lucía radiante, y su manicura y pedicura siempre se veían frescas. Hasta la fecha, nunca sale de casa —ni siquiera para realizar los mandados más simples— si no se ve arreglada y con estilo.

Sé que no todas las mujeres van a querer estar perfectamente arregladas de pies a cabeza sólo para estar listas en el momento que tengan que abrir la puerta. Pero, ¿en verdad pueden darse el lujo de *no* hacerlo? No debemos olvidar que la competencia está allá afuera, y esa competencia *sí* se va a arreglar por completo, desde el cabello y la ropa, hasta cómo luce su figura y su pedicura. Cuando el hombre vea eso, se va a sentir atraído.

Por supuesto que los hombres no somos tan extremadamente simples como para dejar ir a una mujer valiosa sólo porque otra se nos acerca y luce espléndida. Pero si un hombre todavía está en la etapa en la que aún está por decidirse, es decir, si todavía no profesa su amor por ti, no ha fungido como tu proveedor y no está dispuesto a proteger a cualquier precio, entonces no le des una razón para alejarse. Tú puedes controlar este aspecto. Si él decide acercarse, hablarte e invitarte a salir, y luego invitarte a salir una y otra vez, entonces será obvio que estás haciendo bien las cosas. Pero no te relajes demasiado pronto, no le des a la competencia una ventaja para hacerse de tu pareja en potencia.

Debes ser cuidadosa incluso cuando ya estás en una relación. Habrá varias cosas que tendrás que continuar haciendo para mantener la atracción que tú y tu hombre sienten el uno por el otro. Claro que esto es recíproco: ningún hombre debería asumir que él puede relajarse en el departamento que comparten, mientras tú tienes que mantener tu apariencia veinticuatro horas al día, siete días a la semana. Yo todavía me arreglo para mi esposa a pesar de que ya llevamos varios años de casados. Lo hago hasta los días de descanso, cuando no voy a trabajar: me pongo una camisa bonita, pantalones de vestir, me rasuro y me acicalo antes de bajar a comer. Lo hago porque no quiero que sienta que cuando subo al escenario siempre estoy arreglado y deslumbrante, y que luego, cuando estoy en casa, descuido mi apariencia. Creo que todos los hombres deberían tener esta actitud, aunque para las mujeres eso tiene aún más importancia. En *Actúa como dama pero piensa como hombre*, mencioné que la razón número uno por la que los hombres te engañan es porque hay demasiadas mujeres que están dispuestas a ayudarles a que lo hagan. Lo que te estoy diciendo es que no puedes darle pretextos para que empiece a buscar en otros lugares la belleza que lo motive.

Siento mucho decirlo, pero los hombres necesitamos tener esa belleza que nos estimule; nos gusta y la queremos todo el tiempo. Sencillamente no está bien que te relajes demasiado y te sientes a comer con una banda en la cabeza, las chanclas que tienes desde que estabas en la universidad y *pants*, ni que cuando te abracemos, percibamos esa mezcla de crema barata y acetona.

Esta mañana, cuando saliste de casa, lo último que vimos fue ese lindo vestido, los zapatos que nos hiciste creer que era importantísimo tener y que cuestan más que unas vacaciones de fin de semana, el brillo de labios natural y el sofisticado peinado. Dejaste tu perfume en el aire y nosotros pudimos ver una sonrisa en tu rostro y la vivacidad de tu caminar. Vimos cómo ese obsequio atravesaba la puerta cuando te fuiste pero, al regresar, no nos tocó ni un poquito de eso. Tal vez ése no sería un problema mayor si no hubiéramos pasado toda la semana sentados en la oficina viendo a nuestras arregladas y glamorosas compañeras de trabajo, que se veían y olían tan bien, para luego regresar a casa y encontrarnos con la simplona Jane. Si tú permites que en tus días de "descanso", ellas aprovechen y tengan su día de "suerte", corres el riesgo de que surja una situación incómoda entre tú y tu hombre.

Pero no le dispares al mensajero sólo porque no te agradó el mensaje. De cualquier forma tengo que preguntar: ¿cuánto tiempo crees que un hombre pueda soportar eso? Puedes enojarte conmigo todo lo que quieras, pero la idea de que, después de cierto punto, un hombre va a amarte sólo por quien eres, sin que le importe el exterior, simplemente no es posible en este mundo. Sabemos que te esfuerzas mucho en tu trabajo y que luego regresas a casa y das todo de ti para cuidar a los niños y para

147

mantener la casa en pie, lo entendemos bien. Pero tienes que reconocer que, regresar a casa y encontrar a una mujer que se preocupa por su apariencia, le hace mucho bien a un hombre, en particular cuando sabemos que te cuidas para nosotros. De vez en cuando ve a casa y dile: "¿Sabes qué, cariño? Se me ocurrió que sería muy agradable arreglarnos para cenar esta noche en casa, hacerlo sólo para nosotros".

Si haces eso, de pronto, las mujeres de la oficina ya no serán tan especiales porque tu hombre también va a tener esa exuberante belleza en casa. Nosotros nos damos cuenta cuando te pones ropa interior *sexy* y esperas hasta que las luces se apagan para soltar tu cabello, y sabemos que lo haces para nosotros. Nos encanta. Continúa haciéndolo y vas a mantener la atención de tu hombre durante mucho tiempo en el lugar que corresponde, seguirá siendo así aun después de que pasen muchas noches juntos y de que tu cuerpo sufra los cambios naturales. Cuando amamos realmente a una mujer, no nos importa que ya no tenga la misma figura que antes, la seguiremos viendo bella.

A pesar de que la belleza es la primera razón que nos hace acercarnos a ti, cuando nos enamoramos, lo hacemos por otras razones. Los hombres podemos entender los cambios, es sólo que no nos agrada que te abandones. Queremos ver que, a pesar de los cambios, continúas haciendo un esfuerzo por verte bien, por hacernos sentir atraídos de la misma forma que sucedió cuando te conocimos.

SÓLO PARA DAMAS...

Dios bien sabe que no vamos a seguir siendo el mismo hombre que conociste. Nos va a salir la "pancita chelera", la calvita en la cabeza y varias partes del cuerpo nos van a dejar de funcionar. A pesar de eso, nos vas a seguir queriendo. Pero eso no es pretexto para descuidarnos, para hacerte sentir que tienes que mantener tu *nivel 10* de atracción sexual, mientras nosotros sabemos bien que apenas alcanzamos el *nivel 5*. Tal vez, la mujer y el hombre podemos ayudarnos a recobrar el atractivo sexual, podemos motivarnos el uno al otro, cooperar a llevar vidas más sanas, reconocer y aceptar los cambios por los que atraviesan nuestros cuerpos al envejecer, y apoyarnos a enfatizar las cualidades que aún conservamos. Podrías encontrar un peinado que le quede a un rostro más amplio, él puede hallar prendas que le favorezcan cuando su cuerpo comience a cambiar. Ambos podrían iniciar alguna de las excelentes rutinas de ejercicios que hay para parejas, tomar juntos una clase de salsa, dar una caminata vigorosa después de la cena. Es decir, ese tipo de actividades que les ayudarán a bajar de peso y a conectarse. Verás que el simple esfuerzo de hacer algo juntos, les ayudará bastante a renovar su apariencia.

III
PARA CONSERVAR A UN HOMBRE

1. El bizcochito

¿Por qué lo necesitan los hombres, por qué vale la pena que lo reserves?

Vaya, mujer, sencillamente lo necesitamos. Así como la Tierra necesita al Sol, como los tiburones al agua, como U2 necesita a Bono, como el Manchester United necesita al Chicharito.

No existe manera alguna, y lo repito, NO EXISTE manera alguna en que los hombres puedan vivir sin sexo o eso a lo que yo llamo, el bizcochito.

Si él está vivo, si es libre y si no tiene algún problema médico que se lo impida, entonces ese hombre deseará tener relaciones sexuales. Punto.

No hay nada en este planeta que haga sentir mejor a un hombre que el sexo. Ni siquiera hacer un hoyo en un juego de golf, ni ganar un juego de basquetbol con tres puntos anotados justo en el último minuto, ni la mejor droga. El sexo no tiene contrincante. Para el ser humano, el sexo es la sensación más relajante, la que más alimenta su autoestima, y la que más lo hace sentir como un gran conquistador. La simple liberación es como abrir una válvula para que salgan todo el vapor, la presión y la energía acumulados, y con eso, se siente que la maquinaria vuelve a estar en orden y renovada.

Para que nuestras máquinas, es decir, nuestro cuerpo, nuestra alma y nuestra mente, puedan estar bien, los hombres trataremos de tener sexo a cualquier precio. A ese extremo nos gusta.

Sin embargo, lo que las mujeres tienen que entender es que el sexo es sólo un acto. Esto puede sonar como el clásico lugar común, pero te aseguro que los hombres no tienen ni un solo pensamiento que les permita, por tan sólo un segundo, separar el sexo de hacer el amor, y de estar enamorados. Por supuesto que, mientras más hábil es nuestra amante, lo disfrutamos más. Y si es bella, como esa mujer ideal que creamos en nuestra mente al fantasear, pues lo disfrutamos todavía más, en particular si es experimentada en lo que se refiere al sexo. Pero, en serio, nosotros no tenemos ningún problema en tener sexo y desaparecer al minuto siguiente. Si no amamos a nuestra pareja, no necesitamos abrazarla después del sexo. Tampoco necesitamos tocarla. No queremos conversar, ni compartir, ni ponernos emotivos, ni soñar en pareja. Y si acaso cedemos al abrazo y la plática poscoital, lo más probable es que estemos fingiendo; lo hacemos sólo para asegurarnos de que, si necesitamos otro momento de sexo en el futuro, tú estés dispuesta a participar. Es un dato duro, pero es cierto. Derecho y sin excusas.

Es por ello que los hombres nunca hemos entendido todo este concepto que tienen las mujeres de usar el sexo para hacer que nuestros sentimientos por ellas sean más profundos. Si tú crees que sólo porque tienes una forma muy especial de dar el bizcochito, nosotros vamos a tener una respuesta emotiva, pues, tristemente, estás muy equivocada.

El hombre sólo toma tu bizcochito porque se lo diste. En serio. No importa cuán tierna y seductora te mostraste, ni qué tanto imaginaste que, al dormir con ese hombre, iba a darse una conexión especial, la verdad es que él no va a estar más conectado contigo que si hubiesen salido a cenar y a ver una película, y si hubiesen platicado prolongadamente en una caminata por el parque. Lo más probable es que, en su mente, lo único que haya sea: "Muy bien, son las 9:30 del martes por la noche. Si hacemos esto con rapidez, tal vez todavía alcance a ver el resumen deportivo en ESPN. «¡Vamos a darle, muchacha!»". Es muy común que la conexión física no conduzca a nada más allá de lo que te acabo de describir.

Es por eso que, en *Actúa como dama pero piensa como hombre*, insistí en que las mujeres adopten la "Regla de los noventa días". Esta regla es un período de prueba en el que evitarás tener sexo con un nuevo tipo hasta que descubras si realmente le interesas, o si sólo quiere acostarse y desaparecer.

En serio, te puedo decir que ése fue el capítulo que me causó la mayor cantidad de problemas con las mujeres de todo el país. Muchas de ellas incluso se negaron a escucharme. Algunas más me llamaron al programa de radio para decir: "No lo sé, Steve, es que, ¡noventa días suena como una cifra arbitraria!". En las firmas de libros y en las lecturas que hice, de Brooklyn a Los Ángeles, de Detroit a Topeka, y en todos los demás lugares que hay en medio de esos puntos, las mujeres protestaban porque creían que noventa días era "demasiado". Insistían en que lo mejor es hacer "lo que tu instinto te dicte que es correcto", y "esperar no salir lastimadas". Mi argumento preferido es el de una mujer que aseguró que ella no se iba a molestar en implementar la Regla de los noventa días porque ya lo había intentado con un tipo y "él terminó botándola porque no aflojó". Me decía esto como si estuviera segura de que el tipo se habría quedado si ella hubiera aflojado el bizcochito.

Ya lo dije antes y lo voy a repetir: ese hombre que se niega a darte tiempo para investigar si es digno de intimar contigo, *no* es tu hombre. Él se va porque no tiene lo necesario para cubrir tus estándares y tus requisitos y, al irse, sólo te está mostrando que no está interesado en hacer lo necesario para que *tú* seas feliz con esa relación. Ni siquiera le interesa involucrarse contigo a un nivel emocional, ni pensar que puedes ser una buena opción. Entonces, ¿por qué estás interesada en que un tipo así se quede contigo?

Tienes que empezar a tratar el sexo como si fuera algo especial, y a hacerle saber a él que así lo consideras. ¿Y sabes qué?, él o se irá, o detectará algo especial en ti y hará lo necesario para cubrir tus requisitos. Si realmente estás interesada en una relación seria, lo mejor que te puede pasar con ese hombre es que desaparezca. Cuando quieres algo de un hombre, él no va a tener ningún inconveniente en brindártelo si en verdad desea invertir en una relación contigo. El premio es especial para nosotros, pero sólo si tú nos haces considerarlo de esa manera. Es especial si con tu actitud nos haces pensar: "Oh, espera, entonces, no puedo nada más llegar corriendo y tomar el bizcochito así como lo he hecho con otras, porque esta chica no es de ese tipo". A los hombres no les molesta tener que probarse a sí mismos ante ti. Además, recuerda que tú eres digna de que él haga ese esfuerzo y de que tenga esa atención.

Por otra parte, si tú misma tratas el sexo como si fuera una caja de chicles, entonces nosotros vamos a apresurar la relación como si tú fueras una caja de chicles. Ya sabes que los chicles no se pueden mascar por mucho tiempo. Más bien, te metes uno a la boca, lo masticas un rato y luego lo escupes y te metes otro hasta que te acabas la cajita, hasta que ya no queda uno más. Créeme, en verdad no quieres convertirte en una caja de chicles, usada y vacía.

Lo que tú deseas es convertirte en esa persona con quien él siente una conexión especial. Porque cuando un hombre te ama y se compromete exclusivamente contigo, entonces el sexo adquiere un significado distinto por completo. Se convierte en ese gran tesoro que se encuentra al final del arco iris. Esa mujer ideal que nos hemos creado en la cabeza desde que comenzó nuestra vida sexual se convierte en un ser real, en nuestra mujer en persona. Cuando tenemos sexo con ella, entonces nuestros deseos físicos, emocionales y mentales se sincronizan y trabajan en conjunto para ofrecernos un viaje de placer que es infinitamente mejor que cualquier otra experiencia sexual que hayamos imaginado o tenido.

Cuando hacemos el amor con una mujer a quien amamos, no queremos que el momento llegue a su fin, queremos continuar tocándola, percibiendo y bebiendo su aroma porque, cada centímetro de su piel, nos excita como nada más puede hacerlo, casi nos vuelve locos. El sexo con esa mujer especial nos rejuvenece, nos da fuerza para seguir adelante; nos brinda la fortaleza para continuar esforzándonos y el optimismo para enfrentar los tiempos difíciles. A nosotros también nos interesa profundamente que nuestra dama sienta lo mismo; es por ello que tratamos de hacer lo necesario para darle ese inmenso placer: porque la amamos y queremos hacerle sentir lo que nosotros sentimos. Queremos hacerla feliz.

Sólo los hombres, exclusivamente ellos, pueden decidir si te aman y si tu gran tesoro también es importante para ellos. Tú no puedes tomar esa decisión por ellos. Tú no puedes decir: "Voy a transmitirle una emoción sexual tan fuerte, que le será imposible dejarme", y luego esperar que así suceda. Tienes que creerme, ningún hombre de este planeta va a tomar esa decisión sin que antes le muestres tú misma cómo quieres que te ame, cómo esperas que te trate y, por supuesto, sin que le demuestres que eres una mujer que vale mucho como para ser sólo una aventura.

Pregúntale a cualquier hombre si te estoy diciendo la verdad, y te lo confirmará.

SEXO COMPROMETIDO VS. SEXO CASUAL

Por supuesto, incluso cuando un hombre tiene una relación con una mujer y está comprometido con ella, el sexo va a disminuir. Es parte de la naturaleza humana. Ustedes comenzarán a sentirse cómodos con la compañía del otro. Todos los padres que conozco que tienen niños que todavía gatean, sienten que la cama tamaño *king-size* que solía ser tan amplia en la luna de miel se hace insuficiente en cuanto el pequeño empieza a caminar a media noche (qué romántico, ¿verdad?). Los problemas económicos van a ser muchos y tendrán un impacto en tu energía sexual. Además, a pesar de que ambos saben que no pueden vivir el uno sin el otro, llegarán días en que lo único que querrán hacer será estar tirados mirándose. No obstante, a pesar de todos esos cambios, te puedo garantizar que hay algo que siempre continuará ahí: el deseo de tu hombre por tener sexo. Te repito que, a menos de que haya algún problema médico que le impida tener sexo, el querrá continuar teniéndolo, en particular si está bien comprometido contigo.

Pero, claro, tampoco estoy diciendo que tenga que suceder todas las noches, eso sólo es para los jovencitos que no tienen nada más que hacer, que sólo están preocupados por su siguiente conquista. Tampoco estoy sugiriendo que un hombre no va a entender cuando, por razones naturales, como un embarazo, enfermedad o algo similar, no puedas tener relaciones sexuales. Los hombres no son seres desalmados, no somos los perros que ustedes piensan que somos. Sólo entiende que la liberación que el sexo nos ofrece es muy importante para nuestra existencia. Ya lo escribí en algún lado: el sexo nos recarga la batería, alimenta nuestro ego y libera un poco de la presión tipo "olla exprés" que sentimos. Así que, si no obtenemos la atención que requerimos en la habitación de manera regular, habrá problemas. No estoy diciendo que él te va a engañar, y claro, tampoco que esto le da el derecho de hacerlo, pero es muy evidente que la tentación estará ahí, y, créeme, le va a pasar por la cabeza hacerlo.

Por supuesto que no todos los hombres actúan así, pero los que llegan a desviarse de una relación sólida para tener una aventura de una sola noche no estarán mintiendo cuando digan: "ella no significó nada para mí". En la mayoría de los casos, así será. Lo que le importa a un hombre que decide tener una aventura fuera de su relación es que hay una mujer que está dispuesta a involucrarse con él en la emoción que significa "cazar y capturar"; esa sensación que tanto nos agrada. Lo que le importa es que hay alguien que está dispuesta a darle sexo sin condiciones. Él va a tener sexo con una mujer con la que no va a tener que discutir, con quien no tiene responsabilidad alguna, con quien no tiene que dividir las deudas, educar a los niños, planear un calendario de actividades y construir una vida. Esa mujer con quien tendrá la aventura representa un escape temporal de todo el estrés que tiene que enfrentar cotidianamente. Ella se viste para la ocasión, convierte el sexo en una experiencia erótica y llena cualquier fantasía que el hombre se haya creado en la cabeza, esa fantasía que no puede realizar en casa.

Cuando el hombre termina, se levanta y se va, satisfecho, habiendo recargado su energía y listo para volver a la vida real con la mujer a la que ama. El sexo que tuvo con aquella otra mujer fue sólo eso: sexo. Tal vez la otra no se dé cuenta o no quiera reconocerlo, pero, en la mayoría de los casos, así es. En el fondo del corazón, ella también los sabe.

Y, sabiendo que tener sexo con otra mujer no significa nada para él pero que sí es importante para ti, ¿este hombre está cometiendo un error? ¡Claro que sí! A pesar de que todo hombre que se separa de su relación y su compromiso para tener sexo, seguramente tiene una lista de excusas para hacerlo, él en realidad sabe que no existe ninguna explicación lógica, aceptable, espiritual o razonable para sus acciones. También sabe que, si lo descubren, algo muy bello podría concluir. Todo hombre llega a un momento de su vida en el que se da cuenta de que no hay nada que valga la pena lo suficiente como para perder a su familia, que la belleza de amar a una mujer, de construir una vida con ella y sus hijos, de ser responsable de su manutención y su bienestar, y trabajar con ella para alcanzar sus sueños; eso es algo mucho más importante que cualquier orgasmo que pueda tener con otra mujer. ¿Un momento de placer en tu vida a cambio de todo lo demás? A mí me parece que es un precio demasiado

alto. Lo más triste es que hay muchos hombres que necesitan cometer ese error, ser descubiertos y pagar el precio, antes de darse cuenta de lo que realmente vale todo lo que podrían perder. Es una verdadera lástima.

No estoy diciendo que para mantener a tu hombre en casa tengas que tirarte al suelo y estar preparada para darle lo que quiera en el momento que te lo pida. Toda mujer tiene el derecho de esperar fidelidad de su hombre, de esperar que no termine en la cama de otra sólo porque las cosas no van bien en casa. Tú no tienes por qué convencer a un hombre de que te sea fiel. Si él es infiel, no hay nada que puedas hacer al respecto. Pero, tal como lo dije en *Actúa como dama pero piensa como hombre*, lo que sí puedes hacer es ayudar a que aflore lo mejor de él. Ambos se tienen que sentar y encontrar la manera de hacer que su relación funcione, de arreglar las cosas para volver a ser felices y a sentir satisfacción de nuevo.

Tengo que admitir que cuando un hombre llega a sentirse cómodo, se le puede olvidar lo que hizo en un principio para tener el honor de convertirse en tu amante. Puede comenzar a holgazanear y dejar de cumplir con tus estándares y requisitos, se le puede olvidar comprarte flores sólo por el placer de hacerlo, decirte un piropo o hacerte saber que eres hermosa y *sexy*, y dejar de esforzarse en hacerte sentir bien cuando tienen relaciones sexuales y conformarse con un "rapidín". Efectivamente, los hombres, como amigos, no compartimos información relevante, como el hecho de que para que una mujer se convierta en todo lo que necesitamos, tenemos que satisfacer una gran cantidad de sus necesidades esenciales. El hombre no se da cuenta o no recuerda que a ella le gusta hablar de sus sueños y sus ambiciones, o que,

al menos, le gustaba mucho hacerlo cuando salían a cenar. Él no sabe que cuando llega el día de San Valentín, su mujer está sentada en el cubículo de la oficina escuchando a una compañera hablar por teléfono: "Yo también te amo, nene", mientras ella está molesta por no recibir nada de lo que las otras reciben de sus hombres. Él no sabe que todo mundo en la oficina ha comenzado a preguntarse si ella, en realidad, tiene pareja porque él nunca ha venido a recogerla para llevarla a almorzar ni le ha enviado ese mensaje de texto que la haría reír con ganas, y, mucho menos, ha hecho algo que la motive a presumirlo con sus compañeras de trabajo. Es claro: a veces, los hombres provocamos esa distancia sin siquiera darnos cuenta porque estamos demasiado ocupados en lo que implica el negocio de ser hombre. ¿Cómo puedes recordarle a tu hombre lo que tiene que hacer? Habla con él. La mayoría de las veces es así de simple.

Nosotros los hombres somos seres muy sencillos, casi robóticos en lo que se refiere a nuestros hábitos. Como lo explico en la sección, "El arte de negociar", si nos dices lo que deseas, lo haremos, en particular si descubrimos que vamos a recibir algún beneficio. Dile a un hombre que podría tener más sexo contigo –la mujer a quien adora–, si tan sólo apartara una noche de la semana para pasarla contigo sin los niños, si te enviara flores por gusto, o si te ayudara más con los quehaceres para que tú tuvieras un poco más de tiempo para relajarte y alistarte para él; y adivina lo que ese hombre comenzaría a hacer por ti.

De la misma manera, si no tienes ganas de tener sexo con tu hombre porque..., bueno, porque no te ha dado algo que te haga sentir bien, pues entonces vas a tener que hablar con él. Te puedo asegurar que no se va a enterar de que estás insatisfecha

si tú no se lo dices. Claro que todos los hombres somos distintos, pero existe un aspecto en el que nos parecemos demasiado: cuando se trata de sexo, nuestro ego es demasiado grande. No importa si somos buenos o malos en él, todos estamos seguros de que tenemos un muy buen desempeño, de que estamos haciendo lo necesario para hacerte ver estrellitas. Los hombres creemos que estamos haciendo un gran trabajo porque, en realidad, no tenemos un punto de referencia (la pornografía no cuenta porque, cuando la vemos, no nos estamos fijando en el tipo). Todas ustedes han tenido amantes en sus vidas y pueden hablar con sus amigas sobre ellos, darles los detalles: "Amiga, me besó de tal forma y luego me acarició de tal otra forma, y ¡oh sí, me dejó exhausta!". Pero, ¿y nosotros, los hombres? Nosotros no hablamos de eso cuando estamos juntos. Jamás. Tampoco podemos ir con nuestros padres y pedirles consejos porque, cualquier cosa que nos digan, nos hará pensar en nuestras madres y, te aseguro, que ésa es una imagen que ningún hombre quiere tener en su mente. Jamás. Y claro, no consultamos a nuestros amigos al respecto porque, admitir que nuestra técnica no es óptima, nos hace quedar como hombres débiles frente a ellos y, además, ningún hombre desea que sus amigos se imaginen, ni remotamente, cómo es su cuerpo, ni lo que se debe sentir tener sexo con su mujer.

Así que, como ya te habrás dado cuenta, tampoco aprendemos técnicas amatorias de otros hombres. Jamás.

La forma en que aprendemos a satisfacer a una mujer es a prueba y error. Tenemos una bitácora mental de lo que sí nos funcionó con cada pareja: "Cuando hice tal cosa, justo ahí, ella tembló... voy a apuntar eso". Después de hacer las anotaciones pertinentes sobre los lugares clave, las áreas y las sensaciones con las que logramos que se excitaran sexualmente nuestras parejas, entonces ya nos autonombramos expertos.

Nadie nos ha dicho que, en realidad, somos muy malos para hacerlo. Tú tampoco nos lo dices, así que llegamos al orgasmo (contigo o sin ti) y creemos que, por eso, ¡ya la hicimos en grande! Todos nuestros músculos se contraen, temblamos, el cabello que tenemos en la nuca se eriza, así que, ¡somos muy buenos en esto! ¡Extraordinarios! Así que, ya sabes, a menos de que le digas a un hombre cómo son las cosas, te seguirá dando más de lo mismo.

Por otra parte, tienes que ser muy delicada con lo que le vas a pedir a tu hombre. Ya mencioné que el ego del hombre es enorme en lo que se refiere al sexo y, si comienzas con una mala actitud ("oye, ¿sabes qué? Cuando estamos juntos, no haces las cosas que me gustan"), vas a herir sus sentimientos y, tal vez, los tuyos. Hagas lo que hagas, no exageres. En *Actúa como dama pero piensa como hombre*, te dije que las palabras que más espantan a los hombres y los ponen a la defensiva son: "Tenemos que hablar". Entonces, trata de iniciar la conversación con alguna estrategia, con sutileza. Sé inteligente. El mejor momento para hablar al respecto es precisamente en el acto mismo porque, cuando estamos teniendo sexo, somos más receptivos a lo que escuchamos. Si dices: "Mi amor, ¡salta desde el armario!", él subirá su trasero hasta allá y saltará. Si le dices: "Ah, me encanta cuando me haces eso, justo ahí", y "Ooh, voltéame y ahora acaríciame del lado izquierdo, así, sí!", entonces él hará exactamente lo que le indiques. También necesitas hacerte de otras tremendas herramientas para conseguir lo mejor de él. Existen los mensajes de texto: "Cariño, si me ayudas con los niños, hoy por la noche, como a las 9:30, cuando ya estén dormidos, nosotros nos vamos a la cama y...". Deja un recadito junto a su rasuradora: "¿Te acuerdas cuando me hiciste eso? ¡Ooh, me acordé y me estremecí! ¿Podrías hacerlo de nuevo?". También puedes llamar a su celular y dejarle un mensaje: "Me encantas cuando me hablas sucio, cuando llegue a casa quiero que lo hagas, que me susurres al oído, y que, cuando lo hagas, me toques ahí, donde ya sabes".

En dos semanas puedes decirle todo lo que quieres que sepa sobre lo que te gusta, y él te lo dará. Te lo dará porque él tendrá lo que quiere, sexo maravilloso con la mujer que ama, y además la está complaciendo, haciéndola feliz. Eso es lo único que quiere hacer un hombre comprometido y enamorado de ti.

Queremos complacer a la mujer con la que tenemos un compromiso y un vínculo emocional. *En serio*. Porque si ambos estamos complacidos, en los aspectos sexual, emocional y mental, bien, pues no hay forma de querer salirse de esa relación. Las posibilidades de que él se quiera alejar de la relación se reducen a cero porque un hombre sabe por experiencia que todos esos "diamantes" que ve en la calle son sólo piedritas junto al maravilloso tesoro que tiene en casa. Él no se va a arriesgar a hacer algo que, aunque para él no signifique nada, sea demasiado importante e imperdonable para ti.

Lo anterior me hace volver a la razón por la que es importante que las mujeres apliquen la Regla de los noventa días. Esta regla te ayudará a probar a un hombre y a descubrir si realmente merece que le entregues el bizcochito. Si en verdad buscas una relación con un compromiso serio, vas a tener que asegurarte de que este tipo es merecedor de ti y que está listo para iniciar esa relación. No se va a quedar contigo sólo porque le das sexo o, si se queda, no lo estará haciendo por las razones correctas.

Lo que a mí más me sorprende de las mujeres, lo que menos entiendo, es que ustedes saben bien cuando un hombre no es el indicado, y a pesar de eso, se entregan por completo y continúan tratando de hacer que la relación funcione. ¿Por qué juegan así? ¿Por qué no sólo arrancan la mala hierba de tajo? ¿Por qué no se deshacen de todos los hombres que saben que sólo les van a dar dolores de cabeza y desilusiones? ¿Por qué no mejor esperan al hombre que las va a amar de verdad? Por favor, entiende, él está por ahí en algún lugar. No hay ningún hombre que pueda estar sin una mujer. La mayoría de los hombres se casan, y uno de ellos lo va a hacer contigo. Un hombre de verdad no va a ser capaz de realizar su destino como hombre si no lo hace junto a ti. ¿Cómo va a tener hijos?, ¿cómo va a continuar su linaje? El hombre quiere dejar un legado porque, si no llega a lograr nada más, por lo menos quiere que su nombre continúe vivo. Aun cuando su padre no haya estado con él, este hombre sabe que ahora él tiene una oportunidad de hacer las cosas bien, que puede romper el ciclo y comenzar una nueva tradición, que alguien piense que es especial. Es por ello que nuestros padres fueron tan generosos y trabajadores, para que nosotros pudiéramos tener una vida mejor que la que ellos tuvieron. Estoy seguro de que mis padres están viéndome desde algún lugar, y dicen: "¿Alguna vez pensaste que nuestro hijo terminaría apareciendo en televisión?".

"Para nada –diría mi madre–. ¿Acaso no es maravilloso?".

Y mi padre diría, "Sí, él es maravilloso".

Eso es todo lo que quiere un hombre, que haya alguien que se sienta orgulloso de él y, a su vez, sentirse orgulloso de alguien más. Es una experiencia insustituible para un hombre, y sólo las mujeres pueden ayudarnos a vivirla. Sin ustedes no podemos tener hijos, no podemos construir familias, no podemos ser el hombre de la casa y no podemos disfrutar de nuestros sueños.

Sin ustedes, no podemos existir.

Tienes razón, eso no nos lo enseña nadie. Ningún hombre se sienta con su hijo y le dice: "Hijo, no puedes vivir de verdad sin una mujer". Pero te aseguro que un buen hombre sí le dirá, a quien sea que lo escuche, que ama a *su* mujer y que no puede vivir sin ella. Claro que, cuando mi madre murió, un día me dijo mi padre: "Muchacho, creo que ya me voy a ir porque la vida sin tu madre ya no es vida. Siempre supe que la vida sin ella, no valía la pena".

Al ver lo deprimido que se encontraba, traté de decirle cosas para animarlo, y todo, a pesar de que sabía que había perdido al amor de su vida, a la mujer con la que estuvo casado durante sesenta y dos años. Le decía: "Wynton acaba de llegar y necesita un abuelo", y lo llevaba a ver a mi hijo. Mi padre, decía "Creo que puedo esperar un tiempo antes de irme". Pero en cuanto tenía un momento de quietud, un rato para reflexionar, volvía a deprimirse: "Me pregunto si el Señor me permitirá verla una vez más".

Mi padre falleció tres años después que mi madre. No murió por alguna enfermedad o causa específica como cáncer, un derrame cerebral o un ataque cerebral. Solamente se fue a dormir una noche sintiéndose muy cansado. Su corazón estaba hecho pedazos porque no podía continuar viviendo sin la mujer que lo complementaba.

Los principios que acabo de exponer en este capítulo son los mismos que utilizo con mis hijas y mis hijos. Yo no animo a mis hijos para que salgan y "conquisten" al sexo opuesto. En lugar de eso, les explico que tienen que respetar a las jóvenes con las que salen de la misma manera que esperarían que otros hombres respetaran a sus hermanas. También les he hablado del impacto que puede tener el sexo en sus vidas y en las de las chicas con las que decidan intimar. Quiero que entiendan que si tienen relaciones sexuales sin cuidado y sin pensarlo bien, las consecuencias podrían ser devastadoras para todos los involucrados, que las consecuencias son mentales, emocionales y físicas. Si ella termina embarazada, habrá consecuencias permanentes que les impedirán vivir sus vidas de la mejor manera posible.

A mis niñas les enseño que tienen que ser muy claras respecto a sus estándares y requisitos, y que tienen que asegurarse de que los hombres con los que salen, los cubran. Con mucha frecuencia también les digo que, para ganar, tienen que estar dispuestas a perder. Tienen que estar dispuestas a alejarse de una situación negativa para poder integrarse a una positiva. Les he dicho que es una cuestión de matemática elemental: analiza los hechos y ve si la vida de este hombre es lo que tú quieres que sea. Merecen ser felices, merecen ser tratadas como reinas, merecen que se les hable con respeto, merecen que las paseen y las presenten con orgullo, merecen saber cómo se siente ser especial. "No permitan que llegue cualquier tipo y las trate mal —les he dicho—, porque ustedes siempre pueden volver aquí y recibir un tratamiento adecuado de su padre hasta que llegue el hombre que pueda tratarlas de la misma forma en que yo lo hago". Por último, les explico que si se acuestan demasiado pronto con ese hombre, no habrá forma alguna de que se enteren si es el indicado o no. Yo siempre he dicho que no me considero un experto en relaciones personales, que soy sólo un experto en lo que piensan los hombres y en saber lo que es verdad respecto a ellos. Cuando yo o alguno de los hombres que conozco ha sido confrontado por una mujer que se respeta a sí misma y que considera que su futuro es demasiado importante y, por lo tanto, merece lo mejor y no se va a conformar con menos, no nos ha quedado otra opción más que hacer un análisis de lo que podemos ganar y tratarla con respeto. Tal vez no era la mujer para nosotros y, por eso, nos alejamos. Pero ciertamente, después de haber escuchado sus exigencias, tampoco tratamos de jugar con ella mientras encontrábamos a la Señora Indicada. Esa mujer simplemente no lo permitiría y al final de cuentas, significa que ella era quien tenía el poder. Así como tú también lo tienes ahora.

Sólo para damas...

CINCO PASOS PARA ELEVAR LA TEMPERATURA CON TU HOMBRE

1. Invítalo a algún sitio tranquilo para tener una conversación íntima, de preferencia busca un lugar en donde haya agua. Yo me he dado cuenta de que las mejores conversaciones que he tenido con mi esposa han sido en la playa. Ahí, cuando miras hacia el horizonte, lo único que puedes ver es arena (que representa a la tierra), el océano (que representa al agua) y el cielo (que representa lo más elevado). Cuando están presentes esos tres elementos estás en contacto con creaciones de Dios. No puede haber un sitio más lleno de paz que ese. Nadie pelea en la playa ni en un lugar como las cataratas del Niágara. ¿Estás lejos de la playa? Entonces acérquense a la fuente de un parque público o haz algo tan rápido y sencillo como invitar a tu hombre a tomar un baño a la luz de las velas. Esto lo hará sentirse tranquilo. Es mejor que decirle: "¡Tenemos que hablar!" o, aún peor, tratar de tener una conversación sobre tus necesidades sexuales en medio de una pelea.

2. Antes de criticarlo, ofrécele un halago. Si comienzas diciéndole lo que está mal, entonces estará demasiado desilusionado, molesto o avergonzado para escucharte cuando trates de decirle lo positivo. Entonces, trata de elegir con cuidado tus palabras, déjale saber que hay varias cosas que él hace que te causan inmenso placer. Tu hombre seguramente va a apreciar el halago y tratará de continuar haciendo las cosas que te gustan.

3. Sé específica. Dile cuáles son las cosas que te gustaría que hiciera con más frecuencia respecto a su relación física, mental y emocional. Así podrán volver a vincularse otra vez de una manera profunda. También asegúrate de preguntarle qué le gustaría a él para que la conversación no se cargue solamente hacia tu bienestar. Después de todo, ninguno de ustedes es perfecto. Reconocer que hay cosas que podría hacer mejor, le ayudará a abrirse para recibir tu lista de (gentiles) exigencias.

4. Traten de recibir una confirmación de ambas partes. Ésta es una herramienta muy útil porque les ayudará a ser muy claros respecto a las cosas que necesitan el uno del otro. Incluso podrían iniciar estas confirmaciones así: "Muy bien, estoy dispuesta a usar ropa interior *sexy* para dormir hasta tres noches por semana. ¿Tú estarías dispuesto a encender velas y encontrar música adecuada antes de comenzar a tocarnos?" o "Te prometo ser más atento y espontáneo y, a cambio, tú me permitirás dejar las luces encendidas cuando la temperatura comience a subir".

5. Comiencen a cumplir sus promesas de inmediato. Es decir, diríjanse en ese momento a la habitación, a la parte trasera del auto o al cuarto de lavado en casa de tu madre, y hagan lo que prometieron que harían. Ésta es la mejor manera de consolidar el trato. Y te puedo asegurar que ambos obtendrán lo que desean.

2. La palabra que empieza con "R"

¿Cómo conseguir lo que quieres sin Reproches?

A pesar de lo mucho que nos agrada el bizcochito, a pesar de lo mucho que lo necesitamos, existe algo que nos hace alejarnos de inmediato, sin que el sabor del bizcochito nos detenga: los REPROCHES. Puedes ser Señorita Estados Unidos, o tal vez una modelo súper *sexy*, pero en cuanto comienzas a reprochar, se nos quitan las ganas de estar junto a ti.

Tienes que creerme: siempre sabemos cuándo va a suceder. Entras a la casa y comienzas a caminar en círculos, buscando aquí y allá, por todos lados. Enojándote cada vez más y más. Tal vez el cesto de basura está lleno y despide un ligero mal olor. O tal vez tu hombre acaba de dejar su ropa sucia junto al cesto en lugar de meterla en él. Quizás hay una montaña de trastes sucios en el fregadero y, de pronto, ya estás en la cocina con los labios apretados y esa terrible mirada en tus ojos. Tu enojo es tan grande que prácticamente nos impide ver la televisión en la habitación contigua. Nosotros estamos tratando de concentrarnos en la forma en que James LeBron le va a quitar el balón a Kobe Bryant, pero con sólo ver tu semblante nos ponemos a sudar más que una botella helada de Corona en un día ultra caluroso. Resulta obvio que metimos la pata.

Pero, ¿sabes? no tenemos ni idea de lo que hicimos. Lo único que sabemos es que estamos a punto de sufrir enormemente por el daño en cuestión.

"Y entonces, ¿sólo pensabas quedarte ahí sentado a ver el partido mientras todos estos platos sucios nadan en el fregadero?", nos preguntas, bufando y aventando vasos, platos y cuchillos por todos lados.

"Lo siento, nena, es que estaba viendo el juego –te respondemos–; en un minuto los lavo".

"No los necesito en un minuto, necesito que estén limpios *ahora*. Viste que se tenía que hacer esto, entonces, ¿cómo pudiste sentarte ahí con toda comodidad y dejar el fregadero lleno de trastes para que yo los lavara...?".

De esa forma, aceleras de cero a sesenta en un par de segundos; nos hablas y dices todo tipo de locuras. ¿Y sabes qué es lo que pasa por nuestras mentes? Vemos cómo te transformas con rapidez en un enorme y malévolo monstruo. No importa si eres menuda o muy linda, cuando estás así de encolerizada y nos culpas de todo lo que te molestas en ese tono de "estoy furiosa", entonces te transformas en una cabeza gigante de trol de veinte metros de altura y dos toneladas de peso, con la voz de Darth Vader.

Dejas de ser la mujer con la que nos enamoramos o que alguna vez nos gustó. De hecho, esto ni siquiera es amor.

En nuestra mente, tu verborrea se transforma en algo como: "Entonces, lo que quieres decir es que quieres que me vaya a ver el juego a algún otro sitio. Muy bien, entonces eso es precisamente lo que voy a hacer. Tal vez llame a un cuate para vernos en el restaurante en donde transmiten los juegos. O tal vez podría ir sólo al parque a tomarme una cerveza, o a dormir en el auto. O probablemente repare al fin la cerradura del sótano –ah, sí–, y tal vez me encierre ahí en donde podré encontrar algo de paz".

Cuando te sueltas la rienda y comienzas a lanzarnos palabrotas, a ser agresiva o a aplicarnos la ley del hielo, vamos a responder yéndonos, tratando de encontrar algo de espacio o entrando a la discusión.

No importa cómo te respondamos, la cuestión es que, de todas formas, no conseguirás lo que quieres. Entonces, dejar llover sobre tu hombre todos esos reproches, ¿en verdad te va a servir de algo?

Permíteme adelantarme y decírtelo ahora mismo: no.

No importa lo bien que te sientas al sacar toda esa furia, tampoco importa si crees que lo que dices tiene justificación, el hecho es que cuando le hablas así a un hombre, para él resulta más fácil ignorarte y hacer a un lado tus necesidades. Además, tus palabras y tu tono le van a servir de justificación para actuar así. Él puede gritar más, tú continuarás amenazando y, de pronto, él te responderá con amenazas similares pero más adornadas. Tú le aplicas la ley del hielo y, entonces, él ya puede ignorarte a ti a cualquier cosa sobre la que estés armando alharaca. Y así va a continuar hasta que él sienta que la dama que le simpatiza ha vuelto.

Así será hasta que él sienta que es el momento adecuado para aplicar la modalidad de reparación de daños.

En *Actúa como dama pero piensa como hombre*, escribí sobre la importancia que tiene para un hombre arreglar la situación. A nosotros no nos gusta hablar al respecto, evaluar el daño, ni meditar con profundidad sobre el asunto o defender la justificación de por qué lo hicimos. Para los hombres no es natural comunicarse, cooperar o comprender sus errores, si eso no significa que los van a poder enmendar. Asimismo, tampoco podemos soportar quedarnos ahí y permitir que nos griten por situaciones que no lo ameritan en nuestro parecer. Pensamos que ese tipo de problemas no merecen un gasto de energía tan grande porque no son una prioridad para nosotros.

A nosotros no nos importa el problema, sólo nos interesa solucionarlo sin tanta bronca ni drama.

Y, damas: las palabras clave de los párrafos anteriores, son: *prioridad* y *solucionar*.

¿Lo ves? Tal vez lo que es una prioridad para ti puede no serlo para nosotros. A ti te gusta que esté limpia la cocina o que la basura se saque en el momento que la última servilleta cae sobre el montón de basura. Tal vez quieres que el césped se pode el viernes por la noche, no el sábado por la mañana. Pero te puedo asegurar que, a menos de que él sea algún tipo de maniático de la limpieza, tu hombre no está enfocado en ninguna de esas cosas que son una prioridad *para ti*. La verdad es que él no lava los trastes, no saca la basura ni deja de levantar su ropa sólo para molestarte es sólo que no pone atención. Llámalo insensible, discute todo lo que quieras con él y dile que, para este momento, ya debería saber lo mucho que te disgusta todo esto. En realidad, él no considera que estas tareas tengan que ser una prioridad porque, los trastes sucios, el bote de basura lleno, la ropa sucia en el suelo y todos esos detalles que a las mujeres les interesan tanto, para nosotros no tienen valor. Tal vez él estaba pensando en otra cosa, en algo que considera más importante que un vaso sucio o un bote de basura lleno. En serio, no es nada personal.

Así que dejó botada la toalla en el suelo, pero tu hombre no lo hizo para molestarte, sólo dejó caer la toalla y olvidó recogerla.

No sacó la basura la noche anterior para que la recogieran por la mañana. Pero tampoco lo hizo para molestarte, es sólo que él no creyó que el bote tuviera que estar afuera hasta que llegara el camión recolector.

Y entonces, se sentó a ver el juego en lugar de lavar los platos después de que la familia cenó lo que tú cocinaste. Pero él no está nada más ahí esperando que llegues y lo hagas, es sólo que decidió ver primero el partido y lavar los platos más tarde.

En cada una de las situaciones anteriores, tu hombre tuvo prioridades que no coincidieron con las tuyas cuando fue necesario. O tal vez hizo otras treinta y nueve cosas antes de que comenzaras a gritarle por esa actividad número cuarenta que todavía no había hecho. Lo más seguro es que quiera hacer lo que le falta, sólo que no lo va a hacer en el momento que lo dice *tu* horario. Entonces ¿es eso una justificación para que te conviertas en un trol de veinte metros y dos toneladas con voz de Darth Vader? Nosotros consideramos que no. Todo lo que nos reprochas respecto a estas nimiedades lo percibimos como un comportamiento infantil. Entonces, en cuanto terminas de expandirte de esa manera tan extraña, de transformarte y girar, cuando la discusión termina, y vuelves a ser esa bonita y tierna mujer que nos agrada tanto, nosotros podemos solucionar la situación. Podemos lavar los trastes, sacar la basura, levantar esa toalla sucia y regresar a *nuestra* prioridad.

Ahora bien, nosotros los hombres entendemos que las mujeres son seres especiales con necesidades muy particulares, y estamos listos para cubrir esas necesidades. Sólo tienes que ser más diplomática para obtener de nosotros lo que quieres. Primero tienes que recordar estos cinco puntos antes de dejarte ir sobre un hombre para reprocharle algo que no ha hecho o que no te agrada.

1. MODULA TU TONO

Tu hombre no es tu hijo. Si nos hablas en ese tono estricto y acusador que nos transmite la sensación de "soy tu madre", si nos tratas como si fuéramos niños, entonces nos vamos a poner a la defensiva como hombres adultos. Tenemos que confrontarte porque estás cuestionando nuestros principios. De alguna manera, con ese tono maternal, estás sugiriendo que somos unos chamacos asquerosos a quienes no les interesa tener una casa limpia, o que somos holgazanes y nos sentamos a esperar que los demás hagan las cosas, y, lo más hiriente de todo, que no te ayudamos a propósito, porque no nos importas y no te respetamos. Pero, por supuesto, todo lo anterior está muy lejos de la verdad. Desgraciadamente, tu tono nos hace tomar una posición en la que decidimos no darte lo que quieres o necesitas en el preciso instante que lo solicitas.

2. PERMITE QUE TU HOMBRE HAGA SUS LABORES CUANDO ÉL LO DECIDA

Claro, lo más seguro es que quieras que algo se haga en este preciso instante, pero, ¿en serio? Si él lava los trastes en el medio tiempo, ¿dejará de brillar el sol? ¿La tierra se va a salir de su eje de rotación si él decide colgar la toalla en una hora, y no, en este minuto? ¿Se va a detener tu corazón sólo porque dejó la correspondencia en la barra y decidió guardarla después de su ronda de golf? Es decir, te llevas una medalla de oro por la insistencia, pero el hecho es que la mayoría de nosotros sabe que quieres que los platos se laven, la toalla se levante y que la correspondencia se reparta. También tenemos toda la disposición de hacerlo. Sólo que no en este preciso momento. Así que no le sueltes la rienda a tu caballo, trata de desarrollar el valor de la paciencia. Sal de la cocina y deja de mirar hacia el fregadero; si la toalla te está volviendo loca, sal del baño. No te preocupes por la correspondencia, en algún momento (tarde o temprano) nos haremos cargo.

3. ELIGE TUS BATALLAS

Si eres de las que logra acelerar de cero a sesenta por cualquier detallito, tu hombre, de manera automática, se saldrá de tu frecuencia siempre que te vea llegar con esa mala actitud. Te puedo asegurar que cuando un hombre te saca de su frecuencia, le cuesta mucho más trabajo distinguir las situaciones que no te importan demasiado, de aquellas que *verdaderamente* representan un gran conflicto para ti. Por ejemplo, si le vas a armar bronca cada sábado por la mañana que quiera jugar basquetbol con sus amigos, aun cuando sabes que, si se quedara en casa sólo lo haría para no contrariarte, entonces ya no te va a hacer caso ese sábado específico que, de verdad, necesites que se quede para que tú puedas ir a trabajar un rato a la oficina y preparar la junta del lunes, para hacer alguna diligencia, o simplemente para tomarte ese bien merecido descanso con tus amigas. Si te la pasas armando alharaca y reprochándole cosas, se va a hacer insensible a aquellas situaciones que son importantes en verdad para ti. Es como el niño que gritaba que el lobo andaba por ahí. Después de algún tiempo, no va a tomar en serio ni tus amenazas ni tus malos tratos.

4. ENTIENDE CUÁLES SON LAS PRIORIDADES DE LOS HOMBRES

Hay algunos hechos universales que, sencillamente, no representan una prioridad para los hombres: la limpieza del hogar, mantener el refrigerador bien abastecido con comida saludable, ir a las reuniones de la Asociación de Padres de Familia, hacer la cama en la mañana y pedir indicaciones de cómo llegar a un lugar. Si tenemos un lugar para comer, dormir e ir al baño, la verdad es que a la mayoría no le preocupa si los pisos están suficientemente limpios como para comer de ellos. Mientras haya cerveza y uno o dos tipos de botana, como *hot dogs* y frituras, entonces nos sentiremos a gusto con nuestro plan alimenticio. ¿Quién quiere ir a las reuniones de la Asociación de Padres de Familia los domingos? Nosotros preferimos que nos extraigan las uñas de los pies, una por una, antes que sentarnos a escuchar a un montón de padres ponerse de acuerdo sobre de qué sabor debe ser el agua que se va a servir en el baile de quinto año. ¿Y para qué hacer la cama si nos vamos a volver a acostar en la noche? Tampoco habrá manera alguna de que nos detengamos en una gasolinera y aceptemos ante otro ser humano que no sabemos en dónde estamos. Tú sabes muy bien que así somos, pero, de cualquier forma, no sólo esperas que nos demos cuenta de cuándo se deben comprar más vegetales, hacer la cama o ir a la junta de la Asociación de Padres de Familia: también quieres que la emoción nos embargue al hacerlo. Eso no va a suceder. La verdad universal sobre todo este asunto es que los hombres fueron creados así. Por otra parte, las mujeres tienen por lo general esa mágica habilidad de sentirse en armonía con su entorno y con las necesidades de los demás, así como de detectar cuando algo anda mal, justo en el momento en que surge el problema. Ustedes parecen absorberlo todo asimilarlo y procesarlo. Pueden tomar decisiones por todos los involucrados. ¿Y nosotros? ¡Al diablo con lo que se tenga que hacer o con lo que opinen los demás!, nosotros tenemos la peculiar habilidad de bloquear de nuestro sistema cualquier cosa que nos parezca un detalle ínfimo. Piénsalo: tu hijo se lastima y va con su padre para que lo consuele. ¿Qué va a hacer él? Va a sugerir una solución inmediata: "Vete para allá y siéntate hasta que deje de sangrar", dirá el padre. Y el niño volteará hacia él con esa mirada que dice: "Demonios, lo que necesito es un abrazo, y debes darme un besito en donde me lastimé, ¿qué no ves que tienes que soplarle a la herida o algo así?". Ese mismo niño se dirige a su madre y sabe bien que lo va a reconfortar, que ella lo hará sentir mejor y le va a limpiar la herida. Tienes que admitir que esto representa una carga enorme. Todas ustedes ven el cuadro y notan las pinceladas y los distintos tipos de azul que usó el pintor, así como la textura que hace que los ojos de la dama destaquen. Lo único que nosotros logramos ver es a una mujer en una pintura que está enmarcada. Sucede lo mismo en la vida: las mujeres se inclinan a fijarse en el detalle, en tanto que los hombres funcionan con pinceladas anchas. Pero no lo hacemos por molestarte, es sólo que así somos. Ahora bien, si tienes alguna prioridad, tienes que hacérnoslo saber; de otra forma, no la consideraremos importante. Más adelante abordaré el tema de cómo hablar de las prioridades, pero, por lo pronto, la mejor manera de conocer las prioridades de otra persona y de sincronizarlas con las tuyas, es explicarle a la otra parte la urgencia de la prioridad y ser honesta. Si para ti es una prioridad que se haga la cama, díselo a tu hombre. Tal vez no se haga del hábito sólo para cubrir tus estándares de que la cama se haga todos los días, pero, lo más probable es que, si nota lo importante que es para ti, tal vez se convierta en uno de esos hombres a los que no les cuesta mucho trabajo tratar de satisfacer tus necesidades.

5. Por nada del mundo hagas su labor, y mucho menos, de mala gana

Te puedo asegurar que la única persona que sale perdiendo si haces esto, eres tú. Ya sabes a qué me refiero: tu hombre está en el sótano disfrutando de un juego o tal vez jugando un video juego o mirando la computadora. Tú estás arriba, morada del coraje, por su falta de entusiasmo cuando le anunciaste que querías que tendiera la cama y aspirara la alfombra. Claro que él aceptó, pero no lo va a hacer cuando tú digas, así que ahora tú estás en la habitación, levantando las cobijas, aventando las almohadas y aspirando por todo el lugar. Y dices: "¡Ahora sí le voy a enseñar!". ¿Sabes qué es lo que logras con esto? Una cama recién tendida y las alfombras aspiradas por ti, además de un nivel de cólera que podría causarte un ataque al corazón en cualquier momento. ¿Y qué logró tu hombre? Una cama tendida y las alfombras aspiradas, para lo cual no tuvo ni que mover un dedo.

Cuando tú terminas realizando la labor que nos encomendaste, a nosotros no nos molesta ni tantito, en especial si ya te habíamos dicho que la realizaríamos tarde o temprano. Si quieres que las cosas se hagan en el momento en que tú lo dices, entonces lánzate y hazlo. Ya que lo hayas hecho, problema terminado.

Claro que un hombre inteligente sabe que esto le va a costar caro más adelante, es sólo que por lo general no nos es fácil entenderlo. Nosotros entraremos a la habitación y nos daremos cuenta de que estás hablando por teléfono con una amiga, que te ríes y bromeas con ella, que te la estás pasando bien. Eso nos hace creer que ya estamos a salvo del incidente que tuvimos en la mañana. Pero en poco tiempo nos daremos cuenta de que esa felicidad es sólo para compartirla con tus amigas y que, para nosotros, has reservado un espantoso nubarrón gris envuelto y decorado con un lindo moño. A nosotros nos cuesta trabajo entender que cuando tú terminas realizando esa labor a la que nos habíamos comprometido y que nos correspondía, vamos a terminar en muy mala situación. También nos cuesta trabajo asimilar que si nos pides algo es porque tienes una buena razón para hacerlo. Entonces, lo admito: los hombres estaríamos mucho mejor si hiciéramos lo que nos pides para que así no tuvieras nada que reprocharnos.

Pero dado que somos incapaces de hacer eso, lo que realmente nos ayudaría a ambos a llevar la fiesta en paz sería que nos pidieras las cosas de una manera amable y nos explicaras por qué necesitas que se lleve a cabo en *este* preciso instante. Piénsalo: cuando queremos algo de ti, ¿normalmente llegamos pidiéndotelo de mala gana? ¿Alguna vez has escuchado a un hombre decirte con toda brusquedad: "¡Oye, necesito que lleves estas camisas a la tintorería en este preciso minuto o vas a tener problemas!"? ¿O más bien te pide lo que necesita de buena manera? Los hombres sabemos que pedirte las cosas de buena gana es la mejor manera de conseguirlas, ya sabemos que no debemos contrariarte ni hablarte con un aire de superioridad, porque así no vamos a obtener lo que necesitamos. No importa si se trata de sexo o de permiso para tomar una decisión sobre el destino que preferimos para las vacaciones familiares. Nosotros siempre te presentamos nuestras peticiones de buena manera y siempre tenemos una razón sólida para respaldarlas. Siempre vamos a tocar a tu puerta de la manera correcta porque sabemos que si pedimos las cosas de la manera correcta, nos las vas a brindar.

Trata de dominar el arte de pedir las cosas de *esa forma*. Yo lo hago en casa todo el tiempo, incluso cuando sé que no voy a conseguir lo que quiero. Por ejemplo, he llamado a mi esposa varias ocasiones para decirle: "Por favor alístate para que cuando llegue a casa podamos salir a un lugar adonde te quiero llevar. Tengo muchas ganas de que pasemos tiempo juntos y solos". Y en cada una de esas ocasiones he llegado a casa y encontrado que Marjorie no está preparada en lo absoluto. Ahora bien, yo hice la llamada telefónica varias horas antes, así que ella tenía suficiente tiempo para peinarse, maquillarse y encontrar el vestido y los zapatos adecuados. Pero de cualquier manera, de pronto estoy ahí sentado en la habitación, zapateando nerviosamente el piso y esperando. Si yo me pusiera a reprocharle, modularía mi voz para hacerla sonar más grave y comenzaría la retahíla: "¿Cómo que necesitas más tiempo?, ¿cómo demonios es posible que no estés lista? Si no estás preparada en cinco minutos, ¡olvídate de salir!". Pero sé muy bien que ella no se va a apurar sólo porque comencé a gritarle, y que lo único que voy a conseguir es un fuerte pleito y cenar con una mujer tan enfadada, que desearía no haberla invitado a salir. Si en verdad quiero que la velada sea agradable, y si el verdadero objetivo es salir juntos y pasárnosla bien, entonces haré lo necesario para hacer que mi esposa se apresure para que podamos llegar a tiempo al restaurante y mantener nuestra reservación. Lo primero que haré será llamar al restaurante y tratar de mover la hora de la reservación porque, vamos, lo que yo quiero es sacar a mi esposa y verla sonreír, y para eso, no tenemos que cenar específicamente a la hora que había yo previsto. Luego voy a entrar a la habitación y le diré de la mejor forma posible: "Nena, ¿todavía no estás lista? Vamos, estoy tratando de sorprenderte y realmente tengo ganas de salir. Apresúrate por favor, ¿sí?".

Al decirle eso con gentileza y presentándole una lógica viable, voy a lograr que Marjorie se apresure (un poco). Cuando ella baje por las escaleras, se verá bien, estará sonriendo y me dirá: "Disculpa la tardanza, querido, ya estoy lista", y entonces nos iremos a pasar un buen rato, juntos.

En lugar de armarle tanta alharaca a tu hombre, trata de usar la técnica que acabo de mostrarte. Por ejemplo, digamos que invitaste a unos amigos a cenar y necesitas ayuda para arreglar un poco la casa. Pero tu hombre está en la computadora haciendo lo que sea que él siempre haga en ella. Por supuesto, no se da cuenta de que el fregadero está lleno de platos, que el baño de invitados necesita limpiarse un poco y que el piso de la cocina necesita ser trapeado. A él no necesariamente le importa que la mesa de televisión necesite desempolvarse, claro, no hasta que tú comienzas a aventar objetos por todas partes y a ladrar cosas como "Todo sería diferente si la gente que vive en esta casa, además de mí, ayudara a limpiar el desorden que deja por todos lados". Si le llegas tirando balazos, te aseguro que no vas a recibir la ayuda que necesitas de su parte.

Si quieres que te ayude, entonces reúne fuerzas y ve a pedírselo de buena manera: "Cariño, van a venir unos amigos y ya sabes que si ven la casa desordenada van a empezar a criticar, así que realmente me vendría muy bien si pudieras ayudarme a arreglar un poco el lugar. Te prometo que, en cuanto termines de echarme la mano, ya no te voy a molestar". Tu hombre sí va a poder participar de esa forma porque ahora sabe que las labores necesitan realizarse con algo de urgencia, que tú en verdad necesitas la ayuda. También sabe que no echarás mano de tu enojo para cuestionar sus habilidades y su limpieza, y para señalar y criticar ciertos detalles de cómo lo crió su madre.

Para obtener lo que necesitas, tienes que usar lo que ya tienes (hablaremos más de eso en el Capítulo "El arte de negociar"). ¡Las mujeres tienen una gran habilidad para hacer esto! Tú sabes que la mejor manera de conseguir algo de alguien, es ser gentil y dulce, pedir las cosas de buena forma. También sabes que, si llegas vociferando tu solicitud, no vas a conseguir nada. Pero de cualquier manera, siempre llegas como un huracán, con las pistolas desenfundadas y tratando de que se haga lo que quieras a cualquier precio. Lo anterior sólo causa que pierdas el control sobre la situación, así como toda tu capacidad de negociación. En lugar de eso, tienes que calmarte, respirar hondo, entrar y pedirle las cosas como si se tratara de algo verdaderamente bueno, como si le estuvieras pidiendo un bolso de diseñador, vaya. Te puedo garantizar que obtendrás mejores resultados que si le hablas golpeado y tratas de negociar de manera negativa. Esta forma de hacer las cosas no va a cambiar a tu hombre, pero sí te va a ayudar a sacar lo mejor de él.

Marjorie es toda una experta en esto. Con lo que te voy a contar, te darás cuenta. Cuando decidimos vivir juntos y comenzar nuestro viaje en esta vida, acompañados, el uno del otro, me senté con ella y dejé algo muy claro: yo no hago quehacer. Yo puedo perfectamente comer y dejar mi plato en la mesa para que lo recoja alguien más, también se sabe que me desvisto y dejo la ropa tirada en el suelo. Lo que hago es pagarle a una profesional para que limpie mi casa. Tengo que admitir que hay muchos hombres que no pagarían una sirvienta, pero yo puedo hacerlo. Así que le dije a mi mujer que podía pagarle a un grupo de gente para que hiciera todas esas labores, con tal de no hacerlo, y de que ella, quien es una fanática de la limpieza, tampoco tuviera que preocuparse de los platos sucios y de tener la ropa limpia.

Claro que esto no evitó que ella quisiera obtener de mí algo distinto por completo. Después de cenar, me retiraba de la mesa y, entonces, ella decía: "Steve, tira los restos en el basurero y lava tu plato". Yo me quitaba una camisa y la aventaba al clóset, y ella decía, "Steve, dejaste tu ropa en el suelo". Y entonces, yo le recuerdo todo el tiempo que la señora de la limpieza está contratada para arreglar esos problemas. Yo invierto una muy buena cantidad de dinero para que alguien limpie la casa, además, estoy creando un empleo para la persona que esté dispuesta a hacerlo. "Marjorie, ¿tú quieres que le ayude a la señora a hacer su trabajo? Porque ella no me está ayudando a mí a hacer el mío. La señora no escribe chistes ni los sostiene para que yo los pueda leer en el escenario, así que, por favor, permítele ganarse su dinero. Su labor consiste en limpiar". Excepto el fin de semana.

Es justamente en esos días que mi clóset y el fregadero comienzan a colapsar porque la señora no se encuentra ahí para limpiar. Con mucha rapidez pude darme cuenta de que los montones de ropa se acumulan para ser lavados, que los platos se quedan en el fregadero y que la cama de la alcoba principal no está hecha, y que todo esto afecta mucho a Marjorie. Cuando nos acostamos a dormir el sábado por la noche, ella de pronto salta de la cama, e insiste: "No puedo soportar esto, ¡mira esta cama, no está hecha! Tengo que extender las sábanas y estirar las esquinas y…"

Entonces, la noche del sábado se convierte en algo que no debería ser, sólo porque a mi dama le molesta el estado de las sábanas, porque no deja de pensar en que el fregadero está lleno de trastes y porque ve la montaña de ropa interior, camisetas y pantalones que se desbordan en la esquina. Pero en lugar de permitir que eso le afectara, sólo me comunicó lo que necesitaba que yo hiciera para que ambos pudiéramos estar cómodos en casa cuando no viene la señora de la limpieza. No me sermoneó, sólo dijo: "Steve, me harías muy feliz si te esforzaras un poco más en mantener la casa limpia hasta que llega la señora los lunes".

Ahí me quedó muy claro que, si no quería problemas, tendría que compaginar mis prioridades con las de ella. Además, ella me lo pidió de muy buena manera, así que me puse a la altura. No estoy tratando de decir que mi esposa logró que yo cambiara, sólo que fue capaz de lograr que aflorara lo mejor de mí: esa preocupación que tengo por hacerla sentir bien todo el tiempo.

Así que en lugar de aventar mi ropa por todos lados, la apilo en una esquina en donde ella no puede verla con facilidad. Ahora, al levantarme los fines de semana, estiro las cobijas y sacudo las almohadas (incluso todas esas almohadas inútiles que nadie usa y que no sirven para nada) para colocarlas sobre la cama. También hago que los niños metan una carga al lavaplatos para que su madre no se "malviaje".

Así, Marjorie está contenta y ya no tiene razones para reprocharme algo. Yo ya no tengo que ver a mi diminuta y perfectamente hermosa esposa, convertirse en un trol de dos toneladas con voz de Darth Vader, y eso me hace inmensamente feliz. Por supuesto que todavía tenemos algunas discusiones, hay días imperfectos en la casa de los Harvey, pero eso es parte de la naturaleza humana. No obstante, hemos llegado a un entendimiento y nos preocupamos por respetar los límites de los demás, y por atender las necesidades y deseos del otro para tener una vida bastante dulce y libre de reproches.

3. MUESTRA TU APRECIO

Un poco de gratitud te da mucho más

Yo realmente no me lo esperaba, me tomó por sorpresa. Ni siquiera estaba tratando de hacer sonreír a Marjorie. Recuerda que mi especialidad es hacer que ella sea feliz: fuera de Dios y de Jesucristo, no hay nadie que me agrade más, lo que más me hace feliz en la vida es lograr que los hermosos ojos de Marjorie se iluminen y que su sonrisa se extienda de una oreja a otra. Pero, en ese preciso momento, lo único que estaba buscando era pasar un rato en mi cómodo sillón de piel, sin trabajar, sin los niños haciendo berrinche, sin drama. Sólo yo y un buen puro.

Y ahí estaba y, dirigiéndome a la sala, dispuesto a dedicarme algo de tiempo, cuando, de pronto, escucho que mi esposa está hablando con una amiga por teléfono y presumiéndole: "Amiga, soy muy afortunada. Mi esposo siempre trata de hacer algo lindo por mí. No tiene que hacerlo, sólo lo hace por gusto y yo lo aprecio mucho por ello. Steve trabaja muy duro, es gentil y considerado...".

Y entonces, el niño que vive en mí se puso como loco: "¡Oooh, oooh, oooh! ¡Espera un minuto! ¡Está hablando sobre mí! Ay, tengo que hacer algo lindo por ella en *este preciso momento* porque le encanta!". Mientras ella sigue hablando con su amiga, yo me dirijo a mi oficina y llamo a su florista predilecto. "Disculpe –dije mientras trataba de recuperar el aliento por haberme apresurado a hacer la llamada– necesito que una enorme cantidad de las rosas preferidas de mi esposa lleguen a la casa esta tarde". Antes de colgar el teléfono ya había comenzado a pensar en otras maneras de hacerla sonreír para poderme sentir más apreciado por ella.

La verdad es que no existe nada en el mundo que haga a un hombre sentirse tan orgulloso, como el hecho de que alguien le demuestre su afecto. Los hombres comenzamos a responder de manera positiva ante el halago y el aprecio desde que tenemos edad suficiente para entender el significado de los halagos que nos hacen nuestras madres. Aquella frase: "Mira a mi hombrecito, ¡qué fuerte!", nos hace correr a sacar de la cajuela cuatro bolsas más, llenas de víveres, tan sólo para poder vernos más fuertes para ellas. "Mi hijo cuida a su madre, no me permite cruzar la calle hasta estar seguro de que no corro peligro", nos hace plantarnos en la esquina y mirar cuarenta veces a ambos lados de la calle antes de permitir que nuestra madre ponga su delicado pie sobre el pavimento. "Mi muchacho es el hombre de la casa; todas las noches, antes de irnos a dormir, cierra las puertas para que nadie pueda entrar", y entonces, sin que nadie nos lo recuerde, cada noche comenzamos a hacer recorridos por todo el perímetro al estilo de la CIA, para asegurarnos de que la familia pueda dormir bien. A nosotros jamás nos importó si en realidad dábamos lástima o si ni siquiera podíamos matar bien a una mosca: si nuestra madre nos halagaba por algo, continuaríamos haciéndolo una y otra vez. Porque el halago materno, esa disposición a hacernos sentir su aprecio, nos hacía sentir que éramos valiosos, y eso nos proporcionaba gran alegría.

La necesidad de sentirse apreciado es un rasgo humano. No importa si eres esposo o esposa, novio o novia, adulto, adolescente o niño: cuando prestamos ayuda, todos buscamos aprobación y agradecimiento. También cuando llevamos a cabo una tarea, y especialmente, cuando lo hacemos con éxito. A los hombres rara vez les agradecen lo que hacen, es por ello que, cuando alguien les dice "gracias, aprecio mucho lo que hiciste", la respuesta es inconmensurable, porque pueden llegar a sentir que ganaron la lotería. Lo más seguro es que su jefe no le dé palmaditas en la espalda y le diga, "buen trabajo". Su jefe le entrega un cheque, y ése deberá ser agradecimiento suficiente. Sus amigos no lo abrazan y le dicen, "¡Hombre, eres un gran cuate!", porque, por lo general, somos mucho más informales al felicitar o agradecer y, ¿adivina qué?, muy rara vez recibimos agradecimiento o aprecio de las mujeres a quienes amamos.

Eso es lo que más lastima a los hombres. Como yo soy admirador de las mujeres, sé muy bien que ningún hombre puede realizar varias faenas al mismo tiempo como ellas lo hacen. Sé que ustedes siempre están *ocupadas* y que en muchos casos trabajan y son el principal sostén de la familia. Ustedes cargan con la mayor parte de la crianza de los niños y de los quehaceres del hogar, ustedes son las que organizan el calendario familiar. Porque si los hombres estuviéramos encargados de las revisiones médicas anuales de los niños, los llevaríamos cada año lunar, o sea, casi nunca. Los cumpleaños jamás se celebrarían, no se comprarían los regalos y no habría vacaciones familiares. Claro, ustedes dirigen el hogar de la forma en que muchos *deberían* manejar una empresa. Pero, con mucha frecuencia, los hombres y algunos otros hombres que se sienten comprometidos, terminan en el último lugar de la lista de prioridades de sus mujeres, y el único momento en que recibimos tu atención es cuando hacemos algo mal o cuando fallamos en alguna misión. Después de algún tiempo, los hombres comenzamos a sentir que nos das por hecho, que no importa cuánto nos esforcemos por ayudar y por participar en la relación de maneras que nos resultan poco naturales: nunca vamos a lograr que sonrías. Y cuando un hombre pasa todo el día siendo explotado en el trabajo y enfrentando a todos los poderes que tratan de desanimarlo, lo único que desea es volver a casa, ver a su familia, a la mujer que ama, y recibir algo de ánimo. Una o dos palabras gentiles le hacen sentir que, al menos el día de hoy, hizo algo útil.

Entonces, cuando los hombres recibimos reconocimiento de nuestras esposas por haber hecho algo bien, sentimos como si hubiéramos logrado descifrar el código para entrar al Pentágono. Por lo general, nos pasamos la vida dando tumbos, sin saber qué hacer para lograr que la persona a quien amamos sea feliz. Pero de pronto, descubrimos que lo logramos por accidente, que las hicimos sonreír y, *además*, recibimos un "gracias". Cuando un hombre se da cuenta de que hizo algo bien, va a seguir haciéndolo una y otra vez, seguirá dándote lo que deseas, sólo para poder regodearse en esa sensación que lo inunda cuando te hace feliz y tú se lo agradeces. Como ya lo mencioné en algún sitio, un hombre expresa su amor de tres maneras distintas: proclamando el amor que siente por su dama, protegiéndola y proveyendo lo que ella y la familia necesitan. El deseo que él tiene de proclamar, proteger y proveer, sólo puede aumentar si tú le haces sentir tu aprecio. Con tan sólo darle las gracias a tu hombre, estarás validando la decisión que tomó de proveerte lo necesario, y motivándolo para que continúe expresando el amor que siente por ti.

Esto se lo tuve que señalar a Gwen, una amiga mía, cuando se quejó de que su esposo, Rick, había comenzado a pedir que se le agradeciera lo que hacía, después de que otra madre de la escuela de sus hijas lo alabó por ayudarle a Gwen a preparar a las niñas por la mañana antes de salir. La amiga de Gwen piensa que Rick es increíble porque el esposo de ella no mueve un dedo para participar en el ritual matutino de preparar el desayuno, planchar uniformes, empacar almuerzos y llevar a las niñas a la parada del autobús escolar. "Prácticamente ni siquiera despega los ojos de la BlackBerry para darles un beso de despedida cuando van saliendo", le dijo su amiga a Gwen. "¿Tu marido prepara huevos, plancha camisas y lleva a las niñas al autobús por las mañanas? Desearía que Rick le enseñara una o dos cosas a mi esposo!", añadió.

Más tarde, me dijo que Rick, como bromeando, se irguió con orgullo, y dijo, "¿Lo ves? ¡Casi ningún otro padre hace lo que yo!", y entonces, Gwen comenzó a despotricar: "Se supone que me tiene que ayudar con las niñas, ¡también son sus hijas!", contestó Gwen molesta. "A mí nadie me aplaude de pie por hacer la comida, lavar la ropa o ir a las juntas de la Asociación de Padres de Familia. ¿Por qué demonios tendría alguien qué aplaudir sólo porque él hace algo que es su responsabilidad y porque participa en el cuidado de sus hijas?".

Ella tiene razón de cierta forma: ella y su esposo comparten la responsabilidad de criar a sus hijas, eso es verdad. Pero, como le señalé, también es un poco injusto que ella asuma que para él (o, diablos, para cualquier otro hombre) resulta muy natural preparar huevos, planchar ropa y guardar las tareas de matemáticas así como lo haría cualquier madre. Tal vez todas esas labores están incluidas en tu manual de "Cómo ser la mejor madre del mundo", pero te puedo asegurar que en nuestro "Manual universal para ser hombre", no aparece ninguna indicación de que los hombres *tengamos* que levantarnos en la mañana, hacer el desayuno y llevar a los niños a la escuela. Nuestros padres jamás nos enseñaron a preparar la cena, a cambiar pañales ni a dar un baño. Ciertamente, tampoco nos lo enseñaron nuestras madres porque, a pesar de que recibimos grandes cuidados de ellas, jamás nos dieron detalles sobre cómo se llevan a cabo estas faenas. Lo único que está completamente arraigado en nuestro ADN es que tenemos que trabajar duro para asegurarnos de que haya dinero para brindarte alimentos, ropa para los niños y un techo para vivir. Desde que somos muy pequeños comenzamos a interiorizar el hecho de que las mujeres se dedican a criar y a cuidar a los niños, y que, si acaso metemos mano en alguna otra labor que no sea la de extender cheques y hacer actividades masculinas como reparar un auto o cortar el césped, entonces estaremos rebasando las expectativas que ustedes tienen de nosotros. Pero créeme, los hombres sentirán una mayor inclinación a rebasar esas expectativas si los motivas con tu agradecimiento cuando terminan alguna labor que no les parece natural del todo.

Hasta aquí puedo escuchar las quejas de ustedes al leer lo que he dicho en estas páginas, casi las puedo ver rechinando los dientes y preguntarle a alguien más por qué tendría una mujer que aplaudirle a un hombre cada vez que hace algo bien. Como hombre de la farándula te puedo decir que no hay nada más gratificante que recibir los aplausos del público. Siempre hay alguien que me aplaude: puede ser en un club de comedia en donde estoy a punto de iniciar mi rutina, una cena de caridad en la que presentaré a una organización, o en una iglesia en donde voy a disfrutar de la ceremonia dominical con mi familia. Alguien siempre me aplaude y yo lo valoro mucho, porque eso me indica que hay alguien ahí al pendiente del chiste que voy a contar, de la obra de caridad a la que voy a apoyar o del alimento espiritual que mi alma recibirá. Ese tipo de reconocimiento le otorga validez a mi actuación y es por ello que voy a tratar de que mi siguiente presentación sea igual de buena o mejor para poder volver a recibir los aplausos. Por otra parte, si en lugar de aplaudir, la gente se levanta y comienza a deambular mientras yo hablo, entonces sabré que tuve una mala noche.

¿No sería maravilloso si tú también pudieras tener esa misma sensación? ¿Qué pasaría si hoy volvieras del trabajo y al cruzar la puerta alguien llegara con un altavoz y dijera: "Damas y caballeros, con ustedes, ¡Jill!", y de pronto todos se levantaran y te aplaudieran? ¿Qué sucedería si fueras al minisúper de la esquina y al entrar por las puertas automáticas alguien anunciara: "Escuchen por favor, ¡una aplauso para Sophia, quien acaba de llegar!". ¿Acaso no comenzarías a vestirte mejor para ir a trabajar?, ¿no tendrías más cuidado con tu cabello?, ¿no te pondrías un poco más de *lipstick*? Admítelo, te sentirías magnífica.

De la misma manera, si de vez en cuando le aplaudieras a tu hombre y reconocieras el gran valor que adquiere el aprecio cuando demuestra, levantarías mucho su ánimo.

Claro que entiendo que estas demostraciones tienen que ser recíprocas. Al igual que las mujeres, los hombres también tienden a subestimar el valor del aprecio. Verás, los hombres seguimos este ciclo: primero nos esforzamos muchísimo para conseguirte (te llamamos y te enviamos mensajes cada dos horas, te mandamos flores y te llevamos a tomar unas cortas vacaciones románticas). Después, cuando ya te tenemos, nos comenzamos a sentir cómodos y a relajarnos (realmente no tenemos conversaciones telefónicas, sólo hablamos a veces para ver cómo va todo, sólo compramos flores en ocasiones especiales, y vamos de vacaciones muy de vez en cuando). Por último, comenzamos a actuar como si la relación sólo fuera una cuestión de conveniencia (nunca te llamamos, casi jamás te compramos obsequios o te llevamos de vacaciones, y además, esperamos continuar recibiendo todos los beneficios de tener una relación con una mujer, incluyendo las comidas calientes, la casa limpia y los niños bien cuidados). Para cuando llegamos a la etapa de la "conveniencia", ya no le reconocemos a nuestra mujer ningún logro ni le mostramos aprecio por lo que hace por nosotros, por nuestra casa y por nuestra familia.

En otras palabras, los hombres y las mujeres han llegado a dominar el arte de asumir que su pareja siempre estará ahí. Todos esos esfuerzos que hacemos por el otro, los tratamos como si fueran cosa de todos los días, algo tan poco notorio como el latido del corazón. Pero de la misma manera en que le agradecemos a Dios por permitirnos levantarnos cada mañana vivos, por permitir que la sangre siga fluyendo por nuestras venas, también podríamos mirar a nuestra pareja y decirle, "gracias por todo lo que haces".

De hecho, hay algunas mujeres a las que no les cuesta ningún trabajo pedirle a su pareja que reconozca sus méritos.

¿Cuántas veces no has dicho que sería muy agradable que alguien te agradeciera el estar pegada a la estufa cocinando las comidas diarias a pesar de que pasas todo el día trabajando en la oficina? ¿O que más vale que haya por ahí una romántica cena programada para compensar toda la ropa que lavaste, secaste y doblaste el fin de semana porque, si tú no lo hubieras hecho, todos habrían tenido que ir desnudos a la escuela y al trabajo? Incluso me voy a arriesgar un poco y a decir que la última vez que tu hombre invitó a su familia a casa y dijo frente a su madre, su padre, sus hermanas, hermanos y el perro de la familia, que se iba a sentir eternamente agradecido de haberse casado con una mujer tan increíble, tú susurraste entre dientes: "más te vale".

Ustedes creen que los hombres *tienen* que mostrarles su aprecio: abrumarlas con obsequios, decirles que son adorables y alabarlas en público. Sin embargo, a pesar de que nosotros también proveemos cosas que son absolutamente esenciales para la vida que tenemos juntos —seguridad, riqueza, fortaleza e incluso el esporádico cambio de pañal, la preparación de una comida y los montones de ropa doblada—, nadie parece creer que las mujeres tengan que corresponder al aprecio que nosotros les brindamos. Piénsalo bien: tu hombre puede salir a trabajar todas las mañanas, llevar a los niños a la práctica de futbol, meterlos a la cama mientras tú sales un rato los miércoles por la noche, correr a conseguir tus medicinas cuando las necesitas, traer su sueldo a casa todos los viernes, cortar el césped, hacer una parrillada los sábados y llevarte a toda velocidad a la iglesia los domingos y, aun así, no recibir ni una muestra de gratitud. ¿Cómo es posible que cuando el muchachito del supermercado empaca tus compras y te ofrece a llevarlas hasta el auto, recibe una demostración de aprecio y tal vez una buena propina siempre y cuando no rompa los huevos antes de depositarlos en la cajuela? Es decir, alguien hace algo bueno por ti en una ocasión y tú le muestras tu gratitud, entonces, ¿el hombre que trabaja todos los días y *trata* de hacer las cosas bien por ti y por la familia, no merece también un reconocimiento? Dile a tu hombre que lo aprecias.

Tal vez el padre de tu hijo no preparó al niño para irse a dormir, pero sí lo sacó al patio trasero para enseñarle cómo colocar sus deditos en el balón de americano y aventarlo más allá del enorme roble. Es muy posible también que la media hora que pasó jugando con él, te haya permitido tener treinta minutos de tranquilidad. Tal vez tu esposo no se levantó temprano para llevar a los niños a tomar el autobús escolar, pero te puedo asegurar que trabaja muy duro para asegurarse de que se pague la colegiatura y para que haya algo de dinero extra para comprar los uniformes de beisbol y de ballet. Dile a tu hombre que aprecias su trabajo. Te garantizo que no sólo se sentirá agradecido contigo por notar su esfuerzo, también tratará de continuar haciéndolo con tal de volver a sentir tu aprecio. Dile: "¿Sabes amor?, siempre había querido que los niños fueran a esta escuela, gracias por ayudar a que eso fuera posible". O, "John realmente tenía muchas ganas de jugar en ese equipo, gracias por hacerlo posible". Te puedo asegurar que ese agradecimiento va a hacer que tu hombre se sienta muy orgulloso porque es la forma en que él se siente validado, es la manera en que se asegura de que les está brindando, a ti y a los niños, las tres P con las que demuestra que los ama. Tu esposo provee la colegiatura y protege a tus hijos al asegurarse de que reciban la educación que necesitan para tener unas buenas carreras en el futuro, ¿acaso eso no merece un sencillo agradecimiento?

Sé que no te será fácil, porque es mucho más sencillo mantener la cabeza hacia abajo y trabajando para que se haga lo que se tiene que hacer. Pero si deseas que tu relación subsista, vas a tener que esperar y exigir que tu hombre también te demuestre aprecio, y eso será más sencillo si tú le muestras algo de aprecio a él. Al final, también podrías recibir algo a cambio.

Mi esposa Marjorie ha convertido el agradecimiento en toda una ciencia. Te voy a dar el ejemplo del fin de semana que yo había estado planeando tomar en la primavera. Ya tenía todo organizado: iba a hacer reservaciones en un hermoso campo de golf en Georgia para llegar el sábado por la tarde, tomar una clase de golf a las 5:00 p.m., y pasar la tarde descansando y fumando puros. Luego, me despertaría temprano el domingo para desayunar, descansar otro rato, volver a tomar clase de golf a las 3:00 p.m., y volvería a casa por la tarde para acostarme temprano y descansar adecuadamente antes de volver a mi caótica agenda de trabajo para la semana. Iba a ser una rara escapada de dos días para pasar algo de tiempo solo sin interrupciones, sin programa de radio, reuniones de trabajo, presentaciones como comediante, apariciones en televisión, funciones para caridad, ni entrevistas o fotografías para prensa. Seríamos sólo yo, mis palos de golf y el silencio. Vaya, no podría ni siquiera expresarte lo emocionado que me sentía de hacerlo.

Justo cuando estaba a punto de atar los últimos cabos sueltos de mi plan, Marjorie entra a mi oficina, se sienta frente a mí y me dice: "¿Sabes, Steve? ¡Me encanta tu espontaneidad!".

"¿En serio? ¿Y qué te hace pensar que soy espontáneo?", le pregunté con una sonrisa.

"Pues no sólo estás loco, también es divertidísimo pasar tiempo contigo y disfrutar de la vida. Te gusta hacer creer que eres un hombre muy casero y que no te gusta salir, pero me encanta saber que te levantas, sales, vas a jugar golf, de pesca, y a hacer todas esas actividades que te gustan", me dijo con mucha dulzura. "Eso es algo que me agrada mucho de ti porque inspiras a los que te rodeamos a disfrutar de la vida. Es una cualidad que valoro mucho en una pareja".

Antes de que pudiera terminar de decir la última frase, ya la había invitado a ir conmigo a mi "solitaria" escapada para ir a jugar golf el fin de semana. O sea, ¿cómo iba a poder resistirme ante algo así? Tenía frente a mí a esta hermosa mujer alabándome por algo que yo ni siquiera había notado de mí mismo, y agradeciéndome por ser un ejemplo a seguir.

"¡Guau! ¿En serio? ¿En verdad quieres que te acompañe a tu fin de semana de golf?", me preguntó Marjorie, todavía bastante sorprendida por la invitación.

"¡Claro!", le dije con emoción antes de siquiera tratar de detenerme. "¡Y también voy a llevar a los muchachos!".

Ahora bien, por supuesto que en cuanto empecé a extender la invitación, algo en mi cabeza me decía: "¡No, tonto! ¡Ése no va a ser tiempo de calidad para ti solo! Los niños se van a portar como locos, allá hay un lago y aquamotos, van a querer rentar un bote y no vas a poder separarte de ellos, y entonces, despídete de los puros, de dormir, de las rondas de golf. *¿Qué te pasa?*".

Cuando me doy cuenta, mi viaje ya se convirtió en un asunto familiar: nos dirigimos en banda al lago para mi escapada "solitaria", y todo porque a mi chica se le ocurrió hacerme un inocente comentario que hizo que mi corazón se acelerara. Claro que ella no trataba de sumarse al viaje, en verdad estaba feliz de ver que me tomaría un tiempo para mí solo. Pero en cuanto esta mujer comenzó a mostrarme su aprecio por algo que ni siquiera yo había notado, sólo comencé a sentir que debía llevarla a ella y a los niños conmigo.

Y aunque seguramente habría disfrutado mucho de pasar un tiempo solo, me divertí mucho conviviendo con mi familia. Rentamos una cabaña, platicamos sobre nuestras vidas, nos acurrucamos alrededor de la fogata y asamos suficientes malvaviscos como para alimentar a una pequeña tropa. Nos reímos y jugamos juntos por la noche. Marjorie fue a que le dieran un masaje mientras yo paseé con los muchachos, y después ella se quedó con ellos mientras yo jugaba en el campo de golf.

Cuando mi *caddy* me dejó en la cabaña, tras finalizar mi juego, Marjorie y los niños me tenían una sorpresa que nunca olvidaré: junto a la entrada de la cabaña había un enorme dibujo al pastel que mi familia había hecho para mí. En unas lindas letras que parecían globitos de colores habían escrito: "Benvenudo a Cazza, Pappy" con las "e" al revés. Cada uno de mis hijos había escrito su nombre y lo que quería ser cuando fuera grande. También había un frondoso árbol genealógico con todos nuestros nombres, los de los abuelos, tíos, tías y primos. Junto a eso, había dos enormes letreros que decían: ¡GRACIAS POR EL VIAJE! y PARA PAPÁ, POR SER EL HOMBRE MÁS TRABAJADOR DEL MUNDO DEL ESPECTÁCULO, con un retrato muy loco de mí sosteniendo un micrófono. Marjorie ya tenía una parrillada preparada en la veranda, y los niños estaban ahí, saludando y riendo, invitándome a unírmeles.

203

Yo sonreía de oreja a oreja. No pude encontrar las palabras adecuadas para describir lo bien que esta recepción me hizo sentir. Esta demostración masiva de aprecio no fue costosa y tampoco tomó demasiado tiempo, los gises debieron haber costado sólo unos cuantos dólares y hacer los dibujos no debió tomarles más de veinte minutos. Pero te diré algo: para mí, sus palabras de aprecio, ahí, expuestas para que todo mundo pudiera verlas, valieron un millón de dólares. ¿Y sus sonrisas? Invaluables. Comprendí que todo lo que le proveo a mi familia, toda la protección y el amor que les profeso, no sólo son necesarios, también tienen un enorme valor. Este tipo de situaciones me hace querer trabajar mucho más duro para ellos, para asegurarme de que reciban día a día todo lo que necesitan y también muchas de las cosas que quieren.

Mi *caddy*, un joven de unos veinte años, lo vio todo y, al entregarme mi bolsa de palos, sólo dijo: "Es usted un hombre afortunado, debe sentirse increíble. Espero llegar a tener todo esto algún día".

"Claro", le dije, mientras todavía sacudía la cabeza, obnubilado por la emoción. "Todo hombre debería tener una familia como ésta".

OCHO MANERAS SENCILLAS DE MOSTRAR TU APRECIO Y PROVOCAR ALGO DE REPROCIDAD

1. Si tu hombre hace una parrillada para ti o para la familia, alaba sus habilidades culinarias y, la siguiente ocasión que compres un corte de carne en la tienda, dile que sabes que cuando lo cocines en la estufa, no se podrá comparar a lo que él podría hacer con esa carne y la parrilla de carbón.

Lo que conseguirás

Un hombre que va a estar feliz de asar al aire libre lo que sea, hasta cereal, si eso significa que volverás a alabar sus proezas culinarias.

2. Si tu hombre poda el césped cada semana y corta los arbustos para que el jardín se vea cuidado, muéstrale tu agradecimiento con un pequeño rosal o una hortensia que puedan plantar al frente de la casa.

Lo que conseguirás

Un hermoso arbustito que florecerá y hará que tu jardín luzca fabuloso y, además, cada vez que salgas al jardín recordarás las sólidas raíces de tu relación. Cuando los capullos florezcan, el podría contar algunas flores y colocarlas en un florero para obsequiártelas.

3. Si tu hombre repara la llave del fregadero o cambia los empaques de la regadera, prepárale un baño caliente en tina esa misma tarde como gesto de agradecimiento.

Lo que conseguirás

Mientras él disfrute de su baño, tú podrías pasar un buen rato consintiéndote, o, aún mejor, tomando un humeante baño caliente con tu hombre.

4. Si tu hombre les ayuda a los niños a ponerse el pijama y les lee unos cuentos antes de darles su beso y acostarlos a dormir, dile que verlo ser tan buen padre te excita mucho.

Lo que conseguirás

Puedes creerme, si él piensa que de esa manera va a tener un poco de tiempo de calidad contigo, comenzará a acostar a los niños casi todas las noches y a motivarlos bastante para que se queden ahí dormiditos.

5. Si tu hombre hace las reservaciones y todos los arreglos necesarios para que ustedes dos se diviertan y se relajen juntos, hazle saber que aprecias mucho su iniciativa para planear una escapada para ambos.

Lo que conseguirás

Vas a motivarlo a seguir siendo espontáneo y lo inspirarás para que planee más noches para ustedes dos.

6. Si tu hombre repara el auto o hace los arreglos necesarios para que el auto funcione sin problemas, o si tan sólo lo lleva al lavado o te llena el tanque de gasolina, agradécele que se preocupe por mantener en buen funcionamiento tu único medio de transporte.

Lo que conseguirás

Un transporte que funcione bien y un mecánico personal/ lavacoches/abastecedor de gasolina permanente.

7. Si tu hombre lava un par de cargas en la lavadora pero la deja ahí para que alguien más la doble (es decir, ¡para que tú la dobles!), agradécele por sacar la ropa sucia del cesto e invítalo a que te ayude a doblarla para pasar un rato juntos.

Lo que conseguirás

No sólo tendrás ayuda para terminar con la ropa, también pasarás un rato de calidad hablando y riéndote con el hombre que amas.

8. Si tu hombre corre a la tienda a traer dos cartones de leche, huevos y cereal cuando hacen falta en casa, agradécele por notar que se habían acabado.

Lo que conseguirás

Ese hombre tendrá una mejor disposición para ir a la tienda porque notará que existe una necesidad y no porque tuviste que rogarle.

4. Dinero y sentido común

¿Cómo manejar los problemas de dinero con los hombres?

Es como mi padre solía decir: "lo mejor que puedes hacer por una persona pobre es no ser como ella". Eso significa que si una persona pobre solicita tu ayuda porque no tiene los medios para alimentarse, vestirse o proveerse refugio, y tú también estás en bancarrota, entonces no habrá nada que puedas hacer por él o ella. En el mundo, esta lógica resulta muy natural para los hombres porque nos queda claro que no importa cuánto amemos a nuestra pareja y a nuestra familia porque el amor no sirve para cubrir necesidades básicas. No puedes pagar el recibo de luz con amor, tampoco puedes cubrir la mensualidad de la hipoteca. No puedes ir a la tienda y comprar víveres con amor. Y, sin importar cuántos abrazos puedas dar, el amor tampoco va a proveer calor de la misma forma en que lo hacen los calentadores eléctricos y los muros con aislamiento. Dicho llanamente: necesitamos el dinero para proveer los artículos esenciales a la gente que amamos. Un hombre, un hombre de verdad, moverá el cielo y la tierra para asegurarse de que tiene dinero para sostener a su familia.

Esta capacidad es el corazón de la hombría. Desde el momento en que el ginecólogo nos da la nalgada y le anuncia a nuestra madre. "Es un varoncito", la sociedad espera que nosotros entendamos y respetemos el hecho de que una de las responsabilidades más emocionantes que adquiriremos al convertirnos en hombres, será la de tener un enfoque cristalino y tan preciso como un rayo láser, sobre quiénes somos, qué hacemos y cuánto ganamos. Con esa visión tan pura de nuestra situación, deberemos asegurarnos de cuidar a nuestra familia, de que nada les haga falta, incluso después de que nosotros nos hayamos ido de este mundo. Tal como lo escribí en *Actúa como dama pero piensa como hombre*, ser el principal proveedor en la vida de nuestra dama, también es una de las maneras fundamentales de mostrarle nuestro amor por ella y por la familia que juntos hemos construido. Para un hombre es completamente imprescindible demostrar su amor de esa forma.

Entonces, ahora imagina los problemas que pueden surgir si un hombre no puede ganar adecuadamente el dinero que necesita para su familia. Digamos que te casaste y la luna de miel llegó a su fin. Ahora están a punto de comenzar a compartir sus vidas y, de repente, se complica el asunto de pagar las cuentas. Tienen un par de tarjetas de crédito con pagos vencidos, el dinero que habían apartado para la renta lo tuvieron que usar para reparar el auto y les falta una parte del dinero que necesitan para pagar el gas. Ahora, añádele a este escenario un par de niños y contempla cómo las cuentas bancarias se van vaciando. La situación ya era bastante complicada cuando eran solteros y la enfrentaban de manera independiente, sin embargo, cuando te unes a alguien y tienes que afrontar los problemas económicos junto a alguien más, y ese alguien más, de paso, resulta fuertemente afectado, entonces, se multiplican la frustración, la vergüenza y el estrés. No quiero menospreciar la manera en que las mujeres perciben este tipo de situaciones, pero puedo asegurarte que este problema es capaz de causar fuertes estragos en el ego de un hombre.

El individuo que juró amarte más allá de toda medida, ahora no puede demostrarte su amor de la mejor manera que conoce: asegurándose de que es capaz de cubrir tus necesidades básicas e incluso brindarte aquellas cosas con las que ustedes sueñan como pareja. Cosas como adquirir una casa en una mejor zona, buenas escuelas para los niños, un transporte seguro y cómodo, una o dos vacaciones al año. Ahora, si él llega a perder su empleo –una situación bastante probable en esta economía en la que los hombres llevan la delantera en desempleo de corto y largo plazo–, puedes multiplicar esa vergüenza por dos. Un hombre que no trabaja, no sólo sufre por no poder proveerte lo necesario, también sufre la vergüenza de sentir que no es capaz de protegerte. Porque, si no puede pagar la mensualidad de tu auto, entonces tienes que tomar un autobús; si no puede pagar la renta, tendrán que mudarse a un vecindario menos seguro que no tiene escuelas que cubran los estándares que tenías planeados para los niños; si no puede pagar el recibo de electricidad, la familia tendrá frío en el invierno. Todo lo anterior puede hacer que un hombre sienta que te está fallando y que no te puede amar como lo mereces. También debes tomar en cuenta que perder su empleo significa un duro golpe en dos de las piedras angulares de la hombría: qué es lo que hace para ganarse el sustento y cuánto gana. Eso puede resultar demasiado para su identidad y su dignidad.

Ya sabes lo que viene a continuación: ambos comienzan a enfrentar los tiempos difíciles con más discusiones sobre los gastos. En cuanto tienen que tomar decisiones financieras complicadas, él se despega mental y emocionalmente. Está más tenso y ansioso, siempre de mal humor. Es menos romántico y ni siquiera puede pensar en el sexo, porque su mente está ocupada las veinticuatro horas del día en tratar de resolver cómo va a colocar a la familia sobre sus hombros y a llevarla a través del desastre financiero en que se ha metido. La mayoría de los hombres quiere hacer lo que tiene que hacer; quieren hacer lo que la sociedad espera de ellos y, en cuanto se ven imposibilitados para cumplir esa misión, todo parece derrumbarse. Yo mismo tengo que admitir que, al ser el principal sostén de la casa, en cuanto noto que mi familia sufre algún tipo de estrés económico, de inmediato me encierro en una concha y no salgo de ella hasta que logro definir cómo voy a solucionar el problema. En esos períodos soy más reservado, abandono el romanticismo y me resulta imposible ser cariñoso y atento. Me mantengo en la esquina con una cara que dice: "Traigo algo en la cabeza y, hasta que no lo resuelva, eso va a seguir teniendo un impacto en mí y en la forma en que interactúo contigo".

Ahora bien, claro que es muy agradable que nuestras mujeres traten de consolarnos diciendo, "Te amo, nada más importa, podemos solucionar esto", ya sabes, cuando tratan de motivarnos con sus palabras. Es algo que agradecemos muchísimo, todo ese apoyo y el deseo de estar a nuestro lado hasta el final, es algo que necesitamos, particularmente, el apoyo. Sin embargo, nada de eso va a cambiar las cosas, tampoco va a modificar nuestra perspectiva. Somos hombres y realmente no importa cuántas veces nos repitas que nos apoyas y que vas a estar de nuestro lado, la verdad es que jamás podrías llegar a percibir, ni un poco, la presión que esta situación representa para nosotros, en particular, porque vivimos en una sociedad que fomenta los ideales masculinos. Si pudieras vernos cuando nos encontramos por casualidad con un amigo en medio de nuestras dificultades económicas, verías que nos pasan miles de cosas por la cabeza en un minuto: *Él sabía que yo era el director general de aquella compañía que se estancó, o que trabajaba en aquella planta que cerró hace algunos meses, y ahora, en cuanto me pregunte qué pasa, en qué ando, voy a tener que responder "nada". Y luego, cuando me pregunte por ti, voy a tener que decirle, "Ella está bien", cuando él sabe bien que debes sentirte abrumada por lo delicado de la situación económica que tenemos.* Las palabras de aliento de una mujer pueden ser muy sinceras, pero nunca nos podrán mover el tapete de la misma forma que un encuentro como el que describí anteriormente lo hace. Es por eso que preferimos mantenernos alejados. Sin embargo, existen algunas maneras en que puedes ayudarnos a salir mientras nos recuperamos y a descubrir cómo nos pondremos de pie otra vez.

ORGANIZA TU DINERO Y CÉDELE UN POCO DE CONTROL A ÉL

Un asesor financiero me dio este consejo fundamental hace varios años: para realmente organizar tu dinero y ayudarle a todos en casa a sentir que están contribuyendo con algo y obteniendo un beneficio de sus salarios, es necesario que una pareja tenga cuatro cuentas bancarias. La primera es la del hogar, en la que ambos van a depositar sus salarios. Con este tipo de cuenta se logra tener un fondo abundante con el que la mayoría de la gente cubre los gastos básicos que le permiten sobrevivir cotidianamente: la mensualidad del auto, el recibo de luz, las deudas de la tarjeta, colegiaturas e hipoteca. La segunda debe ser una cuenta de ahorros que requiera de las firmas de ambos para retirar el dinero. Esta cuenta funciona como fondo de emergencia, es decir, es el dinero que apartas para emergencias y con el que puedes ahorrar para adquirir aquellos bienes que cuestan mucho dinero como una casa, un automóvil, gastos universitarios. En ella ambos deben poder ahorrar aunque sea un poco, por ello, cada mes deben sacar de la cuenta del hogar una cantidad —puede ser el diez, el veinte por ciento, o tan sólo diez dólares— y transferirla a la cuenta de ahorros. El objetivo es que, como pareja, puedan ahorrar para emergencias. Las otras dos cuentas deben ser individuales, una para él y la otra para ti. Dichas cuentas contendrán el dinero para esos gastos personales que ambos se han permitido tener.

Al contar con estas cuatro cuentas podrán reunir sus recursos y trabajar en pareja para poner en orden sus finanzas. Esta organización también les permitirá mantener su individualidad. Hay algunas familias en las que la responsabilidad de pagar la mensualidad del auto le corresponde a ella, y a él la de las colegiaturas. Ahora se comparte todo, incluso la manutención de los niños. Ahora, ambos están vinculados y conforman un frente financiero unido. Eso significa que en los buenos tiempos, ambos contribuyen como pareja para elevar su nivel de vida. En los malos tiempos, será el momento indicado para ayudarle a tu hombre a sentir que aún mantiene cierto control sobre las finanzas, incluso si él no puede contribuir de la misma forma que lo hacía cuando tenía empleo. Es importante que en los momentos difíciles él continúe extendiendo cheques y cubriendo los gastos que vienen a su nombre, y si también puede opinar sobre cuáles pagos son prioritarios (o por lo menos cree que lo hace) y si la cajera de la compañía de cable continúa tratándolo con respeto –"gracias por su pago, señor Johnson"–, entonces él no sentirá que alguien le patea la mandíbula cada vez que llame un cobrador o que aparezca otro aviso de pago atrasado en el correo.

Las palabras de aliento que en verdad lo mantienen enfocado son aquellas con las que le haces ver que no importa quién pone cuánto en la cuenta, que todavía necesitas que él administre el dinero y mantenga los pagos al corriente lo mejor posible y, sobre todo, que tú confías en él y en su habilidad para continuar haciéndolo. Con esta actitud podrás ayudarle bastante para mantener parte de su dignidad en lo que se vuelve a poner de pie. Para aquellas mujeres que sienten que con este esquema entregan demasiado control deben saber que la responsabilidad la tienen que seguir compartiendo, que ustedes necesitan hablar de dinero, que nadie puede sacar de la cuenta de ahorros sin haberlo consultado con el otro, y que los dos continuarán teniendo sus cuentas independientes para tener la autonomía que necesitan sin que su pareja los cuestione. Si él quiere comprarse una caja de puros, puede sacar dinero de su cuenta individual y hacerlo sin que tú interfieras. Si tú quieres irte a arreglar las uñas o comparte un bonito par de zapatos y tienes dinero suficiente en tu cuenta individual, entonces él no podrá decir nada al respecto. ¿Lo ves? Así cada quien mantiene el control.

Por otra parte, si tu hombre gasta el dinero en tonterías, si no arregla sus asuntos, si no parece estar interesado en salir del desempleo, entonces estás en problemas porque todavía no escribo un libro que pueda ayudarte con un tipo así. Pero quédate tranquila, porque un hombre que no trata de arreglar sus asuntos va en contra de lo que considero que debe ser su instinto natural, y si acaso estás vinculada a un tipo así de alguna manera, tú tienes el poder absoluto de abandonarlo. O también puedes quedarte con él, y en ese caso, te deseo buena suerte.

La conclusión es que cuando decides vivir con alguien, tienes que jugar el juego de la misma manera en que lo practicaste. Si antes de seguir adelante ustedes sostienen esa conversación sobre los asuntos económicos y la forma en que manejarán las cuentas el ahorro, y si aplican este sistema compartido para enfrentar los buenos y los malos tiempos, entonces la estrategia les va a funcionar, incluso cuando las cosas lleguen a andar muy mal, *en particular*, cuando estén bastante mal.

RECUÉRDALE POR QUÉ TE ENAMORASTE DE ÉL

Ya mencioné con anterioridad que si los problemas de tu hombre son económicos, el hecho de decirle que lo amas cuando no le está yendo bien, a pesar de ser un gesto que él apreciará, podría, a veces, llegarle a sonar superficial. Pero, por otra parte, demostrarle que lo amas podría tener un efecto completamente distinto. Mis padres no tenían mucho dinero pero sí lograron producir cierta cantidad. Y te tengo noticias: tú también podrías hacer lo que ellos. Todo lo que ustedes han vivido juntos, todo ese tiempo que se han amado, son cosas que vale la pena conservar. Recuérdale por qué te enamoraste de él, enfócate en aquellos detalles inesperados. Prepara su platillo favorito, toma su mano, envíale cartitas. Realicen actividades que no sean muy costosas, como rentar un DVD, preparar palomitas y tener una noche de cine en casa; extiendan una cobija en la sala y hagan un *picnic* bajo techo; después de comer tomen un paseo familiar por el vecindario, vayan a jugar a los columpios del parque, estacionen el auto en el aeropuerto y vean cómo despegan los aviones; vayan al centro de la ciudad a ver la iluminación navideña, aprende a jugar algún juego de video y rétalo a un duelo. Mientras estén en alguna de esas "citas" imprevistas, traten de disfrutar de la compañía del otro. No hablen sobre los aspectos negativos o los problemas que los aquejan. Sólo tomen un tiempo para conectarse de verdad; incluso si la conexión no dura mucho, hagan que valga la pena. Anímalo a encontrar algo de paz en ti, también en esos días en los que él preferiría encontrar un rincón para estar solo. Para construir una relación cariñosa, se requiere de trabajo, y para mantener el amor y el romanticismo vivos en los tiempos adversos, se requiere de muchísimo más esfuerzo. Pero tu relación, bien lo vale.

No lo juzgues

Debes recordar que si están apretados de dinero, cualquier cosa que le menciones al respecto podría tener un impacto negativo muy fuerte. Por ejemplo, digamos que llegas a casa de un largo día de trabajo y te encuentras el correo lleno de facturas, y antes de que siquiera puedas entrar a la casa, suena el teléfono. Es de la compañía de cable, te informan una vez más que si no pagas la mensualidad, te van a cortar el servicio. Tu hombre ya sabe que el pago del cable está vencido, pero de todas formas, cuelgas el celular y refunfuñas, "hay que pagar el cable".

En su mente, lo que tú acabas de decir es algo así como: "Están a punto de cortar el cable y, si eso sucede, no voy a poder ver mis programas preferidos después de un día de arduo trabajo; si yo soy quien sale a ganarse el pan mientras tú estás aquí sentado sin hacer nada mientras nos quitan una de las cosas que uso para relajarme, me voy a encolerizar. *Tú* nos metiste en este problema, ¿y ahora qué vas a hacer para sacarnos?".

Por desgracia, ahora ya no importa si eso no fue lo que quisiste decir. Todo tiene que ver con la actitud y el tono que él percibe, y eso es algo que puede interferir en la situación sin que tú notes siquiera lo que sucede. Él ya se siente bastante desilusionado de sí mismo, y sólo está esperando el momento en que le muestres que tú también te sientes desilusionada, el momento en que le hagas sentir que te ha fallado como esposo, como padre y como hombre porque no puede proveer lo necesario ni proteger a su familia.

Tú ya sabes que tienen pagos atrasados, él también, así que no hay necesidad de mencionarlo a menos de que tengas algo muy concreto que puedas ofrecer en términos de una estrategia para salir del problema. De otra forma, todo lo que digas —sólo como una observación o con el objetivo de molestar— podría hacerlo ir a la casa de empeño, llamarle a algún usurero o simplemente salir a la esquina a hacer algo de lo que no tiene necesidad. Lo único que te estoy diciendo es que cuides tus pasos.

FORMA UN CÍRCULO DE DOS PERSONAS

Todo lo que ocurra con su cuenta bancaria es un asunto exclusivamente suyo, sea algo positivo o negativo. Como pareja, deben mantener la información sobre sus finanzas fuera del alcance de otros porque debes creerme, no importa si tienes mucho o poco, todo se convierte en noticia. Vamos, cuéntale a una amiga que solicitaste el ascenso en tu trabajo, que quieres ganar más dinero porque tu hombre no tiene empleo y "alguien tiene que hacer algo". Al día siguiente, todo el mundo está enterado, tu familia, amigos, conocidos y enemigos, y alguien siempre tratará de usar esa información en tu contra. Lo único que tienes que hacer es pensar lo que sucede cuando alguien se gana la lotería: en cuanto aparece el ganador y sale en las noticias con el cheque gigante, todo mundo necesita un préstamo. Cuando alguien pierde todo su dinero, cuando lo gasta en tonterías, hace malas inversiones o cae presa de otras personas que abusan de la situación, la gente comenzará a hablar mal y a decir, "¡Qué tonto!". En pocas palabras, la gente se pone celosa e intentará hacer uso de cualquier tipo de información que tenga para sentirse bien, haciéndote sentir mal a ti. Casi siempre sucede lo mismo, así que guarda bien la información y no le des a nadie la oportunidad de entrometerse en tus asuntos, de juzgarte o de hacerte sentir mal por tu situación financiera.

Asimismo, tampoco compares a la tuya con otras parejas. La gente es especialista en hacer brillar el exterior. Manejan el auto más grande que hay y viven en una casa preciosa, pero lo más probable es que haya algo bastante malo en ese mundo de ensueño, tal vez están atrasados dos meses con la mensualidad del auto, tal vez están tratando de que el banco disminuya el monto de su pago de la hipoteca. Pero, al mismo tiempo, crean una pantalla y te hacen sentir inferior por no tener lo mismo que ellos, y es posible que tengan más problemas que tú. No te metas en sus asuntos y sé discreta con los tuyos.

Este consejo también se lo di a un radioescucha que me escribió a la página steveharvey.com para solicitar asesoría porque él y su esposa habían abierto una estética que comenzó a tener mucho éxito, y querían saber cómo manejar a los miembros de la familia y a los amigos porque ya habían comenzado a pedirles dinero prestado. Este hombre cometió el error de contar en una reunión familiar que dejar su empleo y dedicarse de lleno a su negocio, había sido la mejor decisión económica que había tomado jamás, y que ahora ganaba tres veces más de lo que llegó a hacer como empleado de otras personas. Y claro, en cuanto la gente comenzó a divulgar el chisme, a observar su vigoroso negocio y a notar que su esposa andaba por la ciudad manejando un auto nuevo, todos comenzaron a calcular sus ganancias y a pedirle ayuda económica. "Gano bien, pero no lo suficiente como para cuidar a todos los demás. Apenas estoy consolidando mi negocio y la gente no entiende lo que se necesita para lograrlo", escribió. "¿Cómo puedo impedir que se cuelen hasta mis bolsillos?".

Le dije que tenía que comenzar a ser discreto con la información sobre su negocio, que dejara de anunciar su éxito financiero en las parrilladas familiares. Los únicos que debían estar enterados de eso eran él y su esposa. Sólo ellos debían estar al tanto de cuánto ganaban, qué hacían con el dinero, en dónde lo guardaban y cuánto gastaban. "Saquen a todos los demás de este asunto", le dije. "Y si alguien llega a preguntarles, no le digan nada, sean claros y honestos: digan que sus asuntos financieros sólo les incumben a ustedes, y punto". Así debe ser para todas las parejas.

SI TU HOMBRE ES EL PRINCIPAL PROVEEDOR DEL HOGAR...

Efectivamente, habrá algunas relaciones en las que todo fluya bien en el aspecto económico. Tu hombre ganará lo necesario para sostener a la familia mientras tú te ocupas de la importante labor de mantener la casa en orden. Por favor, entiende que aunque no seas la principal proveedora del hogar, o no contribuyas de forma económica, de cualquier manera tienes poder en tu relación. La mayoría de los hombres reconocemos la importancia de la labor que nuestra mujer lleva a cabo al mantener en pie nuestro fuerte. Yo sé bien que necesito a mi esposa para funcionar; cuando estoy actuando en el escenario, trato de hacer público ese reconocimiento. A las mujeres que permanecen en casa, las llamo "ejecutivas del hogar". Ese tipo de mujer es una parte muy valiosa de nuestra vida y se le tiene que respetar porque atiende en casa todos esos detalles que hacen que la vida del hombre sea más sencilla. Por ejemplo, Marjorie está a cargo de nuestra casa. La gente con frecuencia me dice que me admira porque me casé con una mujer que ya tenía tres hijos y los cuido como si fueran míos, pero lo que ella hizo también tiene un inmenso valor. Aceptó a los hijos que yo tenía de mi matrimonio anterior como si ella misma los hubiera parido. Les abrió las puertas de nuestro hogar a mis hijos; los amó, los cuidó y los castigó cuando así fue necesario. Marjorie me ha ayudado a criarlos y, cuando tengo que ocuparme de mis asuntos, me siento seguro de que ella los cuida y les da el alimento y el amor que requieren. Eso es increíble. Además, te puedo decir que nunca me entero de dónde está el recibo de la luz, cuánto cuesta el servicio de cable, qué se necesita para que el teléfono continúe funcionando, ni cómo los alimentos se compran, se cocinan y se sirven en mi mesa. ¿Te das cuenta de la paz que esto le produce a un hombre que trabaja tanto? Yo no podría asignarle un precio a la maravillosa labor que realiza mi esposa para mí y para nuestra familia. Sería muy injusto de mi parte actuar como si ella contribuyera menos a nuestra estabilidad familiar, sólo porque no trae un sueldo a casa.

Estamos en pleno siglo veintiuno y las mujeres tienen poder sobre sus relaciones, aunque no trabajen fuera de casa. Un hombre no le puede poner precio a lo que significa volver a la paz del hogar cada noche, a un lugar limpio, con comida, con luz y electricidad porque esos servicios se pagaron a tiempo, a un lugar en donde los niños van a la escuela y les va bien en ella. Eso no tiene precio y nos permite imbuirnos en nuestros asuntos y hacer lo necesario para asegurarnos de que tú y nuestra familia reciban todo el cuidado que merecen.

Por otra parte, si tu hombre no te tiene consideraciones y no reconoce el valor de lo que estás aportando a la relación, pues te tengo noticias: tú puedes ayudarlo a brindarte el reconocimiento necesario. Fue justamente lo que le sucedió a un amigo mío cuando cometió el error de asumir que su esposa tenía la obligación de hacer todo lo que hacía. Él caminaba por su jardín para entrar a su casa todos los días. La casa estaba en orden, no había nada fuera de su sitio, la cocina siempre impecable, las camas tendidas y los niños bien alimentados, vestidos y limpios. Pero este amigo nunca le dijo a su esposa, "Gracias por todo lo que haces"; sólo actuaba como si las cosas tuvieran que ser así y punto.

Un día llegó a casa y se puso a platicar por teléfono con un amigo. Su esposa lo escuchó decirle: "Oh, sí, ella está muy bien, dándose la gran vida. No hace nada, sube los pies al sofá y se pone a ver telenovelas. No hace nada en todo el día, ya te dije, se da la gran vida".

¿Por qué tuvo que decir algo así? Al día siguiente llegó a la casa, atravesó el jardín y vio que todo estaba desordenado. Había juguetes por todas partes, las bicicletas estaban tiradas en el pasto y había tacitas con popotes en las escaleras. Entró a la casa y se encontró con que el fregadero estaba lleno de trastes sucios y con crayolas tiradas sobre las alfombras y las mesas. Los niños corrían como locos por la casa y no había nada para cenar. Lo primero que se le ocurrió preguntar fue: "¿Y qué hiciste en todo el día?".

"No hice nada –le contestó–, así como le dijiste ayer a tu amigo". Y continuó viendo la televisión. Esta situación duró dos semanas. Él llegaba a casa y todo era un desastre, no había cena y los niños corrían por todas partes. Sólo déjame decirte que no le tomó mucho tiempo a mi amigo descubrir lo que su mujer hace durante el día y el inmenso valor de sus faenas. Al hacerlo, ella lograba que pareciera sencillo, pero en realidad, su trabajo era tan estresante, valioso y desafiante como el de él, sólo que de manera distinta. Cuando por fin se sentó la familia a platicar del asunto, ella dejó muy claro el valor de su trabajo: "Tal vez lo que hago no sirva para pagar los gastos, pero permíteme decirte qué es lo que tú obtienes de mis labores: te dan paz, alimentos ricos, una casa limpia, niños educados, un lugar para colocar tu café y leer el periódico sin que te interrumpan. Y si no sabías eso, pues yo puedo dejar de hacerlo de manera permanente, al fin que no me importa ver cómo deshacen la casa los niños".

Te he contado esta anécdota para que te des cuenta de que a veces es necesario hacer cosas así para captar la atención de tu hombre y obligarlo a reconocer tu valor. Tal vez la esposa de mi amigo llegó al extremo, pero hay varias formas de ayudarle a valorar lo que tú aportas a la relación. Una de las maneras más sencillas consiste en escribir una lista de las cosas que tienes que hacer, y dejarla junto a otra lista en la que escribirás las cosas que ya hiciste en el transcurso del día. Deja ambas listas en un sitio en donde él pueda leerlas. Puede ser en la mesa de la cocina, en el baño, junto a su cepillo dental, o en la mesa de noche, junto al control remoto. Ésta será una manera sutil de recordarle que tiene que respetar tu trabajo.

Si no captas su atención con eso, invítalo a sentarse y recuérdale con gentileza que tú vales mucho. Pídele que vea tu lista y pregúntale si él cree que estás haciendo un buen trabajo. Si tu hombre es inteligente, despertará y te dirá, "Guau, vaya, todo esto que haces en casa es invaluable". Dile, "¿Sabes? Quiero agradecerte lo que haces por esta familia porque hacemos un gran equipo, ¿verdad?". Te aseguro que él te mirará y también te agradecerá el grandioso trabajo que realizas.

A veces, lo único que tienes que hacer es captar su atención, jalarle un poquito la rienda. Te puedo asegurar que los hombres, en realidad no deseamos lastimarte.

Sé que muchas de ustedes sienten ganas de vomitar al leer todo esto porque, básicamente, les estoy diciendo en este capítulo a las mujeres, que tienen que ayudarle a un hombre a sentirse cómodo en medio de una situación económica difícil. Pero debo recordarles que ustedes tienen varias habilidades que nosotros no compartimos, y que esas cualidades les pueden servir para lograr que su relación sea mejor. Utilicen su capacidad para educar y comunicarse porque, si las poseen, ¿entonces por qué no echar mano de ellas para que las cosas funcionen con la persona a quien tanto aman? Si se organizan bien y tienen algo de suerte, él va a recuperarse muy pronto y saldrá de la oscuridad con su ego intacto y agradecido contigo por haber permanecido a su lado y por ayudarlo a salir de la tormenta. Ambos se sentirán más fuertes gracias a esta experiencia.

5. El arte de negociar

¿Cómo obtener de un hombre lo que quieres?

Mis padres estuvieron casados setenta y dos años. La longevidad de su matrimonio tiene una explicación bastante sencilla.

Mi padre, Slick Harvey, se dio cuenta de que él no era quien estaba a cargo, así que comenzó a actuar en congruencia con este hecho. Esto fue lo que permitió que mi madre siempre tuviera una sonrisa en el rostro, que mi padre fuera razonablemente feliz y que el matrimonio se mantuviera intacto. Papá sabía que para hacer lo que deseaba, tendría que concederle a mi madre un espacio amplio para que ella hiciera lo que quisiera hacer, dijera lo que quisiera decir, fuera a donde quisiera ir, y estuviera con quien quisiera estar. Mi padre logró esto a base de practicar con sutileza y maestría, el arte de la negociación, el arte de cerrar un trato.

Por ejemplo, te contaré sobre aquella ocasión en que mi madre anunció que quería ir a comprar algunas cosas al Centro Comercial Southland, los nuevos almacenes que habían inaugurado del otro lado de la ciudad. Había leído en el periódico que acababan de abrir y, en cuanto terminó de leer sobre el centro comercial, decidió que quería comprar una caja de huevos de la marca Eagle, los cuales ofrecían por treinta y nueve centavos la docena. Sólo tuvo que decirlo una vez. Mi padre ya se estaba poniendo los zapatos, el abrigo y el sombrero, y tomando las llaves del auto. Fue su fiel chofer: la llevaba a la iglesia los lunes, martes, viernes y domingos. También la llevaba al estilista cuando necesitaba que le arreglaran el cabello, y al centro cuando quería comprarse un vestido o comprarnos a nosotros ropa para la escuela. Y ahora, mi madre iba a añadir el Centro Comercial Southland a su lista de destinos de compras.

Lo que mi hermano y yo no entendíamos entonces, cuando teníamos la corta edad de diecinueve y ocho años, respectivamente, era por qué mi padre no hacía la pregunta más obvia de todas: ¿Por qué querría alguien manejar hasta el otro lado de la ciudad sólo para comprar huevos a treinta y nueve centavos la docena, cuando en la tienda de la esquina se podía comprar la misma caja de Eagle por sólo veinte centavos más? A ambos nos parecía ilógico, sin embargo, fue mi hermano quien cometió el terrible error de decir lo que pensaba al respecto.

"Quiero ir a Southland porque ahí tienen los huevos que quiero", respondió mi madre.

"Pero eso está a más de quince minutos del camino y, además, puedes comprar los mismos huevos por un precio bastante razonable aquí en la esquina", la increpó, mientras yo asentía con la cabeza, escondido detrás de mi hermano.

"No quiero de los huevos que venden en la esquina, quiero de los huevos que venden en Southland", insistió mi madre mientras se ponía el saco y se dirigía a la salida. Estaba lista para irse y nos quedó claro que no estaba de humor para discutir con nadie.

Mi hermano refunfuñaba, no podía creerlo, así que miró a mi padre y trato de ejercer presión. "Entonces, déjame entender bien: ¿vas a quemar un montón de gasolina sólo para llevarla al otro lado de la ciudad?, ¿vas a pasar dos horas dando vueltas en ese centro comercial sólo para comprar los mismos huevos que puedes conseguir en la tienda de la esquina pagando sólo unos centavos más?, ¿te parece lógico?".

Finalmente, mi padre lo calló: "¿Ya acabaste de hablar?", le preguntó con calma. Mi hermano se calló y escuchó.

"Yo podría llevarla a la tienda de la esquina y comprar los huevos de cincuenta y nueve centavos, pero eso no es lo que tu madre quiere. Ella quiere ir a Southland, así que ahí la voy a llevar. Y si no te callas, la vas a llevar tú".

Mi padre esperó a que mi madre saliera por la puerta y se acomodara en el auto antes de continuar. "No sabes nada sobre las mujeres", dijo con voz grave. "No se trata de lógica, muchacho, se trata de lo que tu mamá quiere. ¿Qué voy a perder si la llevo hasta allá para conseguir lo que desea? Quiero ir a la gasolinera esta noche a jugar cartas, así que, si quiero lograrlo, voy a tener que pasear a tu madre todo el día y llevarla a donde quiera, para poder salir tranquilo a jugar más tarde".

Era el arte de la negociación.

Ese mismo día, aprendía una de las lecciones más importantes que me pudo haber enseñado mi padre: esposa feliz es igual a vida feliz. Nosotros los hombres estamos acostumbrados a conducirnos como si estuviéramos a cargo, pero el hombre astuto sabe que la mujer de la casa es quien dirige la relación y todo lo demás que sucede en el hogar. Claro que sabemos que la mayoría de las mujeres no tiene ningún problema en presumir con sus amigas: "Éste es mi hombre, es el señor de la casa". Muchas de ustedes incluso llevarán nuestro apellido y nos permitirán tomar algunas decisiones. Porque la idea es que, si ustedes pueden hacer este tipo de cosas y mantener un equilibrio, obtendrán todo lo que su corazón desea. Una mujer puede honrar a su hombre, siempre y cuando él la tenga en un pedestal y le dé lo que *ella* desea. Porque ninguna mujer dirá que su hombre es el señor de la casa si él no se comporta como tal, y eso, por supuesto, implica hacer que ella se sienta honrada, protegida y respetada. O si su hombre no le da la mayor parte de lo que necesita y bastante más de lo que quiere. Pero, ¿adivina qué? Sucede exactamente lo mismo con los hombres, incluso más.

Nosotros entendemos, respetamos y honramos el arte de la negociación porque creemos que todo es un intercambio. Yo te daré algo si tú me ofreces algo a cambio. Los hombres negociamos desde que somos niños: "A mí me gusta la canica negra con el ojo anaranjado", diría un amigo. "Te la cambio por esta verde con puntos amarillos y, además, te puedo dar una tarjeta de beisbol de Hank Aaron, ¿trato?". Entra al comedor de cualquier escuela en los Estados Unidos, y escucharás cómo se lleva a cabo todo tipo de negociaciones: "¿Tienes papitas? ¿Te parece si te doy dos dólares y un vaso de mantequilla de cacahuate a cambio?". Sucede lo mismo en el patio de recreo después de clases: "Te apuesto a que puedo meter veinte canastas más rápido que tú. Si quieres, hasta te doy ventaja de cinco puntos. Si gano, me das dos paquetes de chicles mañana, ¿sale?".

Y es que cerrar un trato es uno de nuestros hábitos, es parte de nuestra lógica: tú me das algo y yo te doy algo a cambio. Así funciona en el trabajo, así negociamos con nuestros hermanos y primos, y con otros familiares que nos piden ayuda con frecuencia. Negociar también es parte de la relación que tenemos con nuestros amigos. Con esto no estoy diciendo que seamos una manada de egoístas, al contrario, creo que dar, sin esperar algo a cambio, es la base de la hombría (en particular para los esposos, padres y hombres que forman parte de una relación de compromiso). Nosotros proveemos y protegemos a nuestras familias en todos sentidos porque sabemos, por instinto, que eso es lo que *tiene* que hacer un hombre de verdad. También sabemos que debemos hacerlo sin esperar que nos paguen. Pero aquí voy a tener que alzar la mano y divulgar una verdad innegable: si un hombre sabe que va a recibir una recompensa, es mucho más probable que un hombre haga algo que le disgusta o no es parte de su naturaleza.

Así como puedes usar el aprecio para motivar a un hombre a que haga algo más por ti y por la familia (tal como lo expliqué en el apartado 4, "Muestra tu aprecio"), también puedes lograrlo si reconoces e implementas los principios de la negociación en tu relación. Es muy sencillo, si quieres obtener algo de tu hombre, entonces ofrécele algo a cambio. Y no, no estoy hablando exclusivamente de sexo, aunque, claro, si le hicieras pensar a tu hombre que va a recibir el bizcochito al final, entonces podrías hacerlo lavar los platos, tender las camas, desenredar el cabello de tu hija y lavar el refrigerador una vez a la semana. Ya deja de preguntar por qué eres tú quien tiene que presionar y negociar para lograr que tu hombre haga cosas que las mujeres hacen de forma natural y sin que nadie tenga que forzarlas. No importa cuánto te enojes ni cuántas veces exijas una explicación, todo se reduce a que no participamos en el hogar porque nuestros hábitos están demasiado arraigados. Ahora que sabes que así funcionan los hombres, tu tarea es encontrar la forma de sacarle provecho a esta información, *tienes que descubrir cómo ganar en su campo de juego*. Confía en mí: si aprendes a negociar con tu hombre la recompensa te llenará de gozo. Pregúntale a Marjorie, mi esposa. Ella es la experta en el arte de la negociación en el hogar de los Harvey.

Marjorie y yo tenemos siete hijos. Ella llegó a nuestra relación con tres niños que se sumaron a los cuatro que ya tenía yo. Es un familión por cualquier lado que lo veas. Aun si tu corazón es grande, aun si tienes mucho tiempo, sigue siendo un familión. A veces, ser un padre, ser un buen padre, representa un gran desafío. Cuando llego a casa, no me dan ganas de lidiar con los problemas domésticos. Me desagrada particularmente el hecho de tener que ser bombardeado antes de que transcurran los primeros diez minutos desde que atravesé la puerta. Dentro de mí, sólo pienso, "ya sé que tenemos que hablar sobre esas calificaciones que van de bajada, también sé que la chiquita quiere ir a una pijamada en casa de una amiga, pero Marjorie y yo no confiamos mucho en los padres de la niña; y también sé que el otro quiere invitar a un amiguito a la casa, y eso significa que voy a tener que conversar durante media hora con su padre, quien no me agrada en lo absoluto. Lo siento pero no quiero lidiar con estos asuntos. Sólo quiero sentarme, fumar un puro ¡y no prestarle atención a nadie!".

Sin embargo, por más abrumado que me sienta por la crianza de mis hijos, te puedo asegurar que mi esposa tiene una carga mucho más pesada porque ella es la encargada de dirigir a los Harvey. Por cada hora que yo paso trabajando en giras, ella toma decisiones y da órdenes sobre todo lo que sucede en nuestro hogar. Entonces, si yo pienso que cuidar a los niños es un desafío, creo que no tengo ni idea de lo que debe ser para ella dirigir todo mientras yo no estoy en casa.

No obstante, a pesar de que estoy consciente de lo que te acabo de decir, no hay algo en particular que me motive a lidiar con los detalles que implica la crianza de un niño. Lo que en realidad me mueve es la destreza de Marjorie para negociar, esa particular habilidad que tiene para conseguir lo que quiere. A ella prácticamente no le cuesta ningún trabajo explicarme la situación: "Cariño, si te quedas un rato con los niños mientras voy de compras, no tendré ningún inconveniente en que vayas a jugar golf mañana".

De repente me encuentro ahí haciendo cualquier cosa que ella me haya pedido, involucrado en las conversaciones con mis hijos, ejerciendo disciplina con todos.

Se trata de un intercambio: yo hago algo que no necesariamente me agrada, ella recibe la retroalimentación y los recursos que le hacen falta, y yo recibo mi recompensa. Ella solicita, yo atiendo la solicitud, los dos estamos contentos. Aquí tengo otro ejemplo de cómo practica Marjorie el arte de la negociación. Yo detesto los musicales. O sea, *no los soporto*. Los actores están en el escenario cotorreando sobre algo que no entiendo y, de pronto, ¿se sueltan a cantar y a bailar? Naaa, esto no tiene nada que ver con lo que yo considero entretenimiento.

Ahora bien, por lo general, Marjorie se organiza con varias amigas, se van al musical y luego a cenar. Hacen todas esas cosas que les gusta hacer a las amigas. Pero en algunas ocasiones mi esposa quiere que yo vaya con ella a ver uno o dos musicales. Lo hace a pesar de que sabe que preferiría sentarme en el consultorio del dentista y dejar que me hiciera endodoncia en los treinta y dos dientes al mismo tiempo. Pero yo voy porque Marjorie conoce a fondo el arte de la negociación. Me convence de que me ponga un traje, de ir al teatro y de ir a cenar sushi a la salida. Lo único que tuvo que hacer fue prometerme que me lo compensaría al volver a casa. Tengo que confesar que, en cuanto escucho la oferta, me siento dispuesto a todo. Si mi esposa logra meterme en la cabeza esa imagen de ella más tarde en nuestra habitación, diciendo "¡tarán!" en ropa *sexy*, entonces yo me puedo aventar las cuarenta canciones de un musical de cinco horas. Yo no estoy escuchando la música, ni siquiera podría decirte lo que dicen los actores. Estoy totalmente enfocado en el premio que me dará Marjorie cuando regresemos a casa.

Cuando Marjorie me demuestra lo mucho que aprecia que yo me esfuerce por disfrutar aquello que la apasiona –no sólo con el bizcochito, sino también con expresiones genuinas de gratitud–, entonces sé que, en el momento que lo desee, podré gozar de los pasatiempos que me agradan y disfrutar el poco tiempo libre que tengo. Si Marjorie me da un momento para esconderme en mi despacho para ver un rato la televisión, hojear una revista o tan sólo para sentarme con tranquilidad, entonces yo me comprometo a conseguirle a ella un buen rato para que pueda ir al salón de belleza a arreglarse las uñas o el cabello, o para que salga a tomar una copa con sus amigas.

En otras palabras, nosotros ya sabemos cómo usar la conversación y el intercambio para cerrar los tratos que hacemos, esos tratos que permiten que nuestro matrimonio funcione mejor. Te aseguro que si externas tus inquietudes y logras ponerte de acuerdo con tu pareja para hacer los intercambios que deseas, te sentirás mejor. Pero esta estrategia sólo funciona si estás dispuesta a tener una conversación tranquila con tu pareja y a hacerle saber con exactitud lo que deseas. Porque tampoco puedes esperar que él intuya lo que quieres, que, en cuanto entre a la casa, y antes de aflojarse la corbata, adivine que pasaste toda la tarde con los niños, que lavaste dos cargas de ropa, inscribiste a Junior en el equipo de futbol y a Missy en ballet, y que, por supuesto, necesitas con desesperación estar un rato a solas. Habla con tu hombre, dile lo que estás dispuesta a darle a cambio de que te brinde lo que necesitas, haz un trato y, luego, goza de los frutos de tu labor. Lo anterior también es aplicable para cualquier par de individuos que se unen para tener una relación social y personal más cercana. Por ejemplo, digamos que una de tus amigas y tú, deciden organizar una reunión. Tal vez tu amiga es la mejor para cocinar y preparar bocadillos, y tú eres experta en maridaje y preparación de cocteles. Si quieren tener éxito en su fiesta, tendrán que platicar sobre cómo les gustaría que fuera la reunión y a quién quieren invitar; además, tienen que ponerse de acuerdo sobre qué va a aportar cada una para que todo salga bien. Puede suceder que tu amiga no quiera cocinar todos los platillos, en particular si tiene que hacerlo después de un largo día de trabajo. Tal vez tú no quieres pasar toda la fiesta detrás de la barra, preparando cocteles para esas amigas que nunca paran de beber. Por lo tanto, tú y tu amiga tendrán que llegar a un trato —tú comprarás las bebidas si ella compra la comida, por ejemplo—, porque ambas saben que, finalmente, todo lo que hagan servirá para que las chicas y ustedes se la pasen de lujo.

Cada vez que vas al supermercado con tus hijos, tienes que hacer un trato: "Si te portas bien y te quedas calladito mientras yo escojo lo que vamos a llevar, al llegar a la caja te compraré un paquete de goma de mascar". En el trabajo, también tienes que hacer tratos: "Si reúnes las estadísticas del reporte del año pasado, yo ingresaré las cifras. Así podremos hacer juntos los cálculos y presentarle el nuevo reporte al jefe". En la universidad, cuando sueñas con graduarte algún día, también tienes que hacer tratos: "Yo te ayudo a hacer la investigación para que puedas presentar una tesis sólida en tu ensayo, si tú me ayudas a encontrar el mejor sistema para entender estos problemas de matemáticas". Cuando estás en el salón de belleza, haciéndote manicura o tomando un masaje, también tienes que hacer un trato: "¡Si logras que mi cabello se vea como el de Halle Berry o Meg Ryan, te daré una excelente propina y repartiré tus tarjetas entre todas mis amigas!".

Como te habrás dado cuenta, nos la pasamos haciendo tratos, en cada instancia. Siempre esperamos que cada uno de los involucrados quede razonablemente satisfecho. ¿Por qué no aplicar ese sistema en tu relación?

Los hombres sabemos que ustedes no quieren tener sexo todas las noches, y que se sienten agotadas por todos los papeles que tienen que desempeñar durante el día, como empleada, esposa, ama de casa, cuidadora, amiga, voluntaria escolar y repartidora oficial de besitos para niños heridos. Asimismo, ustedes saben que nosotros no queremos cambiar pañales, lavar platos, leer cuentos y hacer todo lo que ustedes quieren, a su manera.

Pero, en las relaciones más exitosas, ambas partes de la pareja están dispuestas a cambiar, a modificar hábitos y a hacer cosas que no les agradan en pos de un mayor beneficio para todos.

Algunas de ustedes ya son expertas en el arte de la negociación porque pueden ser muy diplomáticas. Pero habrá otras que nunca han podido ser sutiles. Trata de iniciar la conversación de tal forma que tu hombre no se ponga a la defensiva. Lo peor que puedes hacer es hacerle sentir que está a punto de ser acusado de fallar en sus labores. Ningún hombre desea lidiar contigo si sabe de antemano que lo vas a vapulear. ¿Conoces ese dicho, "Lo cortés no quita lo valiente"? Bien, pues es un consejo bastante apropiado para el momento de la negociación entre un hombre y una mujer. Ningún hombre desea que lo ataquen con acusaciones sobre lo que hace o deja de hacer. Además, si haces eso, sólo iniciarás un pleito o lograrás que salga corriendo. Mejor, comienza dándole un giro a la situación, pregúntale qué puedes hacer para ayudarlo más. Dile que te alegra que sea tu pareja, que te alegra ser su mujer, pero que no eres perfecta y sabes que podrías hacer algo más para hacerlo feliz. Ya sé, ya sé. Ya sé que *sí* eres perfecta, es sólo que tu hombre no piensa lo mismo y le da miedo decírtelo. Sin embargo, si abres la puerta y le permites expresar lo que siente en verdad sin hacer que se sienta atacado, sacará la lista de todas aquellas cosas que le gustaría que hicieras, todas esas acciones que también puedes usar para negociar. Así que permanece en calma, tranquila y prepárate para aceptar sus respuestas sin reaccionar con violencia. Tal vez él quiere que pases más tiempo con él, que tengan más sexo, que aportes más dinero a la cuenta de ahorros, más sexo, más tiempo para jugar golf los fines de semana o para practicar basquetbol con sus amigos, más sexo. Sea lo que sea, tendrás que escuchar con cuidado y con la mente abierta.

Después de escucharlo prepárate para volverlo loco: dile que estás de acuerdo en que debería tener más: más tiempo para sí mismo, más tiempo con sus amigos, más tiempo en la habitación contigo. Luego, explícale que estás dispuesta a darle todo eso si él está de acuerdo en complacerte en algunos sentidos. Bien, para este momento habrás captado toda su atención porque percibirá que la promesa de "recompensa" está en el aire. Es en este preciso instante que podrás exponer todo lo que necesitas. Seguramente quieres tener un poco más de tiempo para ti misma, tal vez también necesitas más ayuda con los niños o con el quehacer. O bien, también necesitas que te eche una mano por la mañana, o que sea más activo en lo que se refiere a sacarte a pasear algunas noches. Sea lo que sea, debes estar preparada para exponerlo sin prejuicios.

El intercambio terminará cuando él te haya dado su lista y tú le hayas expuesto tus necesidades. Ahora, a ambos les queda claro lo que pueden ofrecer para obtener lo que desean. Definan el compromiso que están dispuestos a hacer y cierren el trato.

Marjorie y yo practicamos esta estrategia todo el tiempo, incluso cuando estamos de vacaciones. La pasada primavera fuimos a Cabo San Lucas, en México. Fuimos solos para poder disfrutar algún tiempo de calidad juntos. Pero también acordamos que necesitábamos tiempo para estar solos. A pesar de que Marjorie no soporta los puros, sabe muy bien que yo los disfruto bastante porque me relajan como ninguna otra cosa lo puede hacer. Aspiro el humo del puro hacia mi boca y lo mantengo ahí mientras respiro con cuidado para evitar que se vaya a mis pulmones. Luego, lo exhalo y vuelvo a fumar. Si es un puro muy fino, de esos que no son amargos y que tienen muy buen sabor, me siento bastante satisfecho y feliz. Como Marjorie está al tanto de todo esto, así que ordenó mis puros a la habitación y se aseguró de que yo tuviera bastantes a la mano para poder relajarme por completo. A cambio, yo me aseguré de ordenar fresas y que la habitación estuviera bien abastecida de su bebida preferida, porque sé que la fruta y esa bebida, la relajan. También hicimos un trato: acordamos que nos daríamos espacio el uno al otro. Ella me permitió ir a jugar golf y yo la dejé pasar un día a solas en el *spa*. Cuando volvimos a estar juntos, nos sentíamos bastante renovados, casi había electricidad entre nosotros. Con esto te quiero decir que tuvimos la conversación, hicimos el intercambio, cerramos el trato, y después, vimos cómo los maravillosos resultados tuvieron impacto en nuestra relación.

Tú no tienes que ir a Cabo, ordenar costosos puros ni comprar bebidas especiales para obtener de tu hombre lo que deseas. Sólo tienes que practicar el arte de la negociación, aprender a hacer tratos con diplomacia. Trata de sacar los puntos más importantes de los ejemplos que presentaré a continuación y, con ellos, empieza a negociar tus propios tratos.

Ejemplo 1

La conversación: ¿Sabes, cariño? ya sé que no te agrada leerle cuentos a los niños antes de dormir y de arroparlos. Después de un largo día de hacer tanto por los demás, de lidiar con tu jefe, de manejar hasta la casa y de ir a la tienda por leche, es difícil llegar aquí y hacer otra cosa que no sea tirarte en el sillón más cómodo que puedas encontrar y desentenderte de todo. Lo entiendo perfectamente. Pero, al mismo tiempo, me gustaría que hubiese una manera en que yo pudiera tomar un baño por la noche, aunque sea sólo un par de veces en la semana. De esa forma me gustaría relajarme de las largas jornadas en la oficina, del regreso a casa, de preparar la comida y de ayudarles a los niños a hacer la tarea.

El intercambio: si tú te encargas de acostarlos a dormir dos veces a la semana, de ver que se pongan el pijama, de leerles un cuento y de arroparlos, yo podría llenar la tina, prender unas velas, servirme una copa de vino y relajarme. Las otras noches, podría hacer lo mismo para que cuando regresaras de trabajar también pudieras disfrutar de un baño antes de acostarte a dormir.

El trato: entre más tiempo consiga para relajarme y estar tranquila sin tener que andar detrás de los niños, aumentarán las posibilidades de que esté de humor para tener un poco más de tiempo de calidad contigo.

El resultado: tú obtendrás un descanso de los niños y tu marido conseguirá más bizcochito.

Ejemplo 2

La conversación: Mi amor, pasamos bastante tiempos juntos, pero, cuando también podemos salir con nuestros amigos, volvemos a casa renovados y con deseos de volver a disfrutar de la compañía del otro. ¿Acaso no sería agradable si pudiéramos convivir más con las otras personas que amamos y que también son parte de nuestras vidas? Ya sabes, como dicen por ahí, el amor crece cuando se está lejos.

El intercambio: si me dejas salir con mis amigas un viernes al mes, yo te permitiré salir con tus amigos un sábado por la noche al mes. Los domingos podemos pasarlos juntos, sólo tú y yo.

El trato: entre más tiempo pasemos conviviendo con nuestros amigos y divirtiéndonos fuera de casa, podremos conectarnos mejor cuando volvamos a estar juntos.

El resultado: ambos disfrutarán más cuando estén juntos.

Ejemplo 3

La conversación: ¿Sabes? gastamos tanto dinero en cubrir los gastos, pagar la hipoteca, la mensualidad del auto y todas esas otras cosas que tenemos que pagar para poder vivir, que casi no nos queda nada para nosotros. ¿No crees que sería agradable disfrutar del fruto de nuestro trabajo de vez en cuando?

El intercambio: si me enfoco en pagar una de nuestras tarjetas de crédito, y si tú te llevas un almuerzo hecho en casa a la oficina con más frecuencia y vas en metro a la oficina en lugar de llevarte la camioneta, podríamos ahorrarnos unos trescientos dólares mensuales que normalmente usamos para pagar alimentos e intereses de la tarjeta.

El trato: dividamos los ahorros. Tú puedes gastar un cuarto en lo que te parezca más conveniente, yo podré gastar otro cuarto en algo que deseo, y el resto lo podemos guardar para comprarnos algo especial.

El resultado: ambos podrán tener un poco más de dinero en sus cuentas individuales y, al mismo tiempo, estarán trabajando para lograr una meta en común.

¿Lo ves? Todo mundo gana. Pero no olvides que no puedes cerrar un trato y luego renegar porque nosotros los hombres somos muy dados a recordarte: "Pero tú dijiste que harías tal cosa", así que, después de conseguir lo que querías, no puedes retractarte sin haber cumplido con tu parte del trato. Por supuesto, eso también tendrá que aplicar para nosotros los hombres. Si ustedes como pareja quieren que el trato funcione, ambas partes tienen que cumplir hasta el final porque tienen que poder confiar el uno en el otro. Aquí es donde aparecen de nuevo tus estándares y requisitos, los que mencioné en *Actúa como dama pero piensa como hombre*. Cuando apenas comenzaban a salir, le aclaraste a tu hombre lo que querías, lo que necesitabas y lo que esperabas de la relación. También le dijiste lo que esperabas que él hiciera para ganarse tu tiempo, tu atención y tu afecto. De esa misma manera tendrás que exigirle que cumpla con su parte del trato. No puedes permitir que se ocupe de acostar a los niños dos veces a la semana durante poco menos de un mes, y luego hacerte de la vista gorda cuando deje de ayudarte con eso. No puedes permitirlo porque tú comenzarás a volverte loca los sábados y los martes. Eso no será necesario si él cumple su promesa. De otra forma, ambos terminarán de nuevo en donde comenzaron antes de aprender a negociar: sintiéndose frustrados. Y ambos se merecen algo mejor que eso.

SÓLO PARA DAMAS...

CÓMO USAR EL ARTE DE LA NEGOCIACIÓN PARA CONSERVAR LOS ESTÁNDARES Y LOS REQUISITOS EN LA RELACIÓN

Al inicio de tu relación le diste el bizcochito a ese hombre específico que cubrió tus estándares y requisitos y que hizo cosas buenas por ti. Entonces, él no te trataba mal. Pero conforme pasó el tiempo y profundizaron más en la relación, tu hombre dejó de aplicar aquellas tácticas, y retiró todos los detalles y la atención que usó para ganarte. Así somos, primero nos esforzamos muchísimo para ganarte y, en cuanto te tenemos, nos relajamos y cada vez trabajamos menos en los aspectos románticos porque estamos demasiado ocupados proveyendo lo necesario para el hogar y protegiéndote. Después nos damos cuenta de que, en realidad no tenemos que tratar de cubrir tus requisitos y tus estándares porque, de todas formas, tú no te quejas. Ustedes las mujeres, lo otorgan todo con base en sus emociones, no en el comportamiento de su pareja. Es por eso que él se enfría; ya no te da masaje en los pies y, la última vez que lamió tu espalda fue en 1979. Ah, pero eso sí, él quiere que tú continúes dándole todo. Sí, lo sé, es completamente frustrante para ti.

¿Cómo puedes hacerlo enderezar el camino? Habla con él. Los hombres no podemos leer la mente, así que, hasta que no nos llames y nos aclares lo que quieres, no cambiaremos nuestro comportamiento. Tienes que comportarte de la misma forma que lo hiciste cuando nos acercamos a ti la primera vez porque, si quieres ser feliz, sencillamente no te puedes dar el lujo de bajar la guardia. Usa un cumplido para iniciar la conversación, dile,

244

en un tono sexy y sugerente, que aprecias mucho lo que él hace: mantener a la familia, traer comida a casa, ser un hombre fuerte para ti y para los niños. Luego, muestra la mayor honestidad posible, dile que extrañas todo eso que él solía hacer y te volvía loca. Hagan un viaje al pasado, recuérdale aquella ocasión en que te colgaste del candelabro, y cuando llegaste a casa y encontraste pétalos de rosa sobre la cama. De los ardientes encuentros en aquel hotel al que iban en sus escapadas románticas. Te aseguro que él te va a prestar mucha atención porque, después de todo, el bizcochito es nuestro tema favorito. Cuando nos hables al respecto, de inmediato pensará: "Mmm, creo que lo que quiere es que la haga trepar por la pared de emoción. Tal vez se refiere a esta misma noche, ¡Sí!". Y entonces, él comenzará a recordar qué es lo que necesita para hacerte sentir así de nuevo.

Puedes cerrar el trato diciéndole que te encantaría mostrarle lo que le darás a cambio de que él recobre esa chispa que tenían. Ahora, te puedo asegurar que está pensando: "Si hago esto, obtendré aquello. ¿Dónde firmo?". Claro, es un sistema de recompensas que siempre, siempre funciona, incluso en el aspecto romántico. Pero no puedes participar si comienzas reprochándole, "¡Ya nunca me abrazas, ni me miras como antes!" porque, entonces, la respuesta que obtendrás será: "¿Ah sí? Pues tú no te quedas atrás porque no te has puesto una tanga como en veinte años y toda tu ropa interior está cubierta de esas bolitas de pelusa, ¿a quién le puede gustar eso?".

Lo que te quiero decir con todo esto es que te conviene mucho hacer uso de tus encantos femeninos, incluso cuando él ya sea tuyo.

IV
PREGUNTAS Y
MANDAMIENTOS

PREGÚNTALE A STEVE

Más respuestas inmediatas a las preguntas candentes que siempre habías querido hacer

Cuando se publicó *Actúa como dama pero piensa como hombre*, viajé por todo el país y hablé con las mujeres sobre el comportamiento de los hombres. En cada uno de los eventos invité a las personas del auditorio a que hicieran las preguntas candentes que tuvieran sobre el sexo opuesto. A continuación encontrarás las cándidas e inmediatas respuestas a las preguntas más recurrentes.

1. ¿Los hombres creen en el amor a primera vista?

SH: Sí, creemos en el amor a primera vista, pero sólo cuando depende totalmente de la visión. Nosotros nos enamoramos de lo primero que vemos, pero ese tipo de amor puede desaparecer con facilidad. Tal vez te hayas ganado a un tipo al principio, pero después, cuando comience a conocerte, podrías perderlo. Él podría decidir que no suenas como te ves, que no piensas como te ves, que no actúas como te ves y que no tienes lo que les pareció que tenías cuando te vieron por primera vez. Todas esas situaciones aniquilan al romanticismo. O sea, la publicidad falseada. A veces sucede que sólo cambiamos de opinión pero no tiene nada que ver con tu forma de ser.

2. ¿Cuáles son los diez lugares más apropiados para conocer hombres?

SH: No se los puedo decir porque no hay lugares definidos. Podrías conocer a un hombre en cualquier sitio. Yo sé de un hombre que se casó con la mujer a la que le pegó con su auto en la salpicadera. También conozco a otro que se terminó casando con la abogada que lo divorció. Otro de mis amigos se volvió a casar con su primera esposa, y otro con una mujer con la que su hijo había salido por algún tiempo. Puedes conocer a alguien y enamorarte en cualquier lugar, así que es ridículo limitarse a sólo algunos lugares. Es por eso que en la sección "La apariencia lo es todo", mencioné que tienes que estar preparada. Si vas a la heladería, la lavandería, el hospital, el parque o el gimnasio, podría haber un hombre ahí para ti. Las mujeres tienen que estar abiertas a todas las posibilidades.

3. ¿A los hombres les desagrada salir con divorciadas?

SH: No. Si nos sentimos atraídos, no hay ningún factor que nos pueda alejar. Si le gustas, él no encontrará ningún impedimento para acercarse a ti y ver hacia dónde lo conduce ese encuentro.

4. Después del divorcio, ¿qué es lo que necesitan los hombres para que su interés en el sexo se mantenga vivo?

SH: Necesitamos variedad y espontaneidad. Es lo que les gusta a todos los hombres, y si no sabías esto de tu pareja, es porque no se había atrevido a decirte. Así que, si tu vida amorosa está llena de patrones que se repiten, tarde o temprano se verá afectada. ¿Acaso tú no te aburrirías si, después de varios años juntos, tu hombre continuara comprándote las mismas flores, tocando los mismos discos y diciéndote los mismos piropos de cuando te conoció? ¿No crees que sería muy agradable que de manera espontánea hiciera algo diferente y especial para ti? Pues los hombres piensan lo mismo, así que si deseas mantener su interés sexual, cómprate un sombrerito, unos tacones nuevos, coloca un ramo de rosas en la mesa de noche y garabatea en un papel: "En cualquier lugar, a cualquier hora". Él se sentirá interesado, te lo aseguro. Intercéptalo en el garaje y ten un poco de acción con él antes de que logre bajarse del auto. Tengan un momento de pasión en el vestidor de una tienda. Sólo trata de ser diferente, él te corresponderá.

5. Cuando un hombre utiliza las frases "no eres tú, soy yo", o "no estoy listo para ti" como una excusa para romper una relación, ¿es porque sólo anda de pesca?

SH: No necesariamente. A veces el hombre está siendo honesto, a veces no está dispuesto o no puede darte lo que tú deseas, y si es un hombre honorable, te lo dirá. Si sale con "No soy para ti, mereces algo mejor", entonces considéralo una bendición. Porque hay algunas mujeres que insisten y tratan de forzar la situación, y continúan invirtiendo tiempo en un hombre que ya les dijo con mucha claridad que no está preparado para una relación seria. Obviamente, no puedes comprometerte a que la relación funcione sólo con tu esfuerzo. Así que trata de estar alerta: agradécele sus palabras, dile que aprecias mucho su honestidad y sigue tu camino.

6. Para las madres solteras que están criando a sus hijos, ¿cuál sería la principal enseñanza que podrían brindarles para asegurarse de que en el futuro tengan relaciones sanas con el sexo opuesto?

SH: Es importante que evites decirle a tus hijos varones por qué ya no estás con tu hombre. Si se los dices, estarás dándoles información para la que no están preparados. Mejor, háblales todo el tiempo acerca de la manera en que te gustaría que te trataran, aquellos detalles que te hacen sentir bien como madre y como mujer. Tu hijo recordará que te gusta que te abran la puerta, que te ayuden a sentarte, que te escuchen con respeto cuando hablas y que te digan la verdad cuando haces alguna pregunta. Son todas esas pequeñas actitudes que él deberá recordar y practicar cuando comience a involucrarse sentimentalmente con el sexo opuesto. Lo mejor que puedes hacer por tus hijos varones es presentarles sólidos modelos masculinos que puedan imitar. Hombres que puedan complementar la increíble labor que realizan todas las mujeres que son madres solteras.

7. ¿Por qué los hombres continúan mintiendo incluso después de que ya los cachaste y los confrontaste? Y en especial, ¿por qué mienten sin razón?

SH: Porque sabemos que lo único que vamos a lograr si decimos la verdad, es meternos en muchos más problemas y lastimarte aún más. Lo que tienes que entender es que, a veces, la mentira o el ocultamiento de la verdad, es su forma de protegerte para que no te ofusques más, para que no te sientas más herida y resentida de lo que estás cuando ya *sospechas* que hicimos algo malo. En realidad, esa mentira sirve para controlar el daño; no te decimos la verdad completa porque sabemos que eso sería como rociar con gasolina el incendio. Tú ya estás completamente encolerizada con la información que ya tienes, así que no tiene ningún caso proveerte más. Ningún hombre lo haría. Tú puedes sentirte mal al respecto, pero en serio, él está tratando de conservar cierta cantidad de decencia en medio de todo el desastre que te ocasionó. Tal vez ya te enteraste de tres de sus travesuras, pero, ¿en serio crees que te va a confesar las otras treinta? Para nada. Y es lógico, porque si lo hace, tu ira se intensificará. Al mentir sólo tratamos de evitar que sufras más y meternos en más problemas.

8. ¿Por qué los hombres dejan de comunicarse con nosotras sin ofrecer una explicación?

SH: Porque ya terminamos con el asunto. Tú, como mujer, necesitas finalizarlo de manera formal, pero los hombres no, nosotros no necesitamos avisos formales. No necesitamos saber por qué no funcionó ni queremos intentarlo de nuevo. Los hombres no cuestionamos la lógica de nuestras decisiones. No nos comunicábamos cuando estábamos juntos, pues entonces tampoco lo haremos ahora que estamos separados. A las mujeres les vendría muy bien entender que, si el asunto se termina, ellas deben seguir su camino y punto.

9. ¿Por qué les cuesta tanto trabajo a los hombres mostrar sus sentimientos?

SH: Porque nunca nos enseñaron a hacerlo. Ni de niños ni de adultos. Nuestros padres, el resto de la familia, los maestros y los amigos, nos dicen que los niños no deben ser emotivos como las niñas, que no debemos llorar. A nosotros nos criaron para esconder nuestros sentimientos, así que aprendemos a mantenernos callados y a mantener nuestras emociones ocultas. Es por ello que, cuando iniciamos nuestras relaciones con las mujeres, somos bastante deficientes en el arte de comunicarnos con ellas. Nunca hemos sido expresivos. Las mujeres, por otra parte, aprenden a expresarse de manera distinta. Ustedes caminan con sus amigas tomadas del brazo, bailan juntas en un club, se abrazan y tocan sus rostros cuando están conversando. Nosotros jamás tocaríamos a un hombre ni le daríamos un beso en la mejilla. A nosotros nos inculcan exactamente lo opuesto y crecemos sintiéndonos bastante cómodos con esta situación. Francamente, no creo que sea necesario que trates de romper ese patrón con tu hombre. Porque no podrás sentarte en casa a llorar con él. Sabemos perfectamente que en cuanto él llore por primera vez, tú llamarás por teléfono a una amiga para quejarte: "¡Este hombre llora mucho más que yo!". Tú quieres que tu hombre sea un hombre de verdad, y nosotros no podemos ser emotivos y al mismo tiempo tratar de ser fuertes para sostener a la familia. Así son las cosas.

10. ¿Cómo puedo lograr que mi hombre sea más espontáneo?

SH: Dale una razón para serlo. Es muy sencillo: nosotros haremos lo que sea a cambio de una recompensa. No es nada nuevo. Cuando estudiamos mucho, queremos que nos pongan una estrellita en la frente; cuando corremos en una carrera, queremos la medalla de oro; cuando nos cambian de puesto, queremos un aumento de sueldo. ¿Por qué tendríamos que cambiar ese sistema de recompensas en la relación? Así como escribí en "El arte de negociar", si tú le ofreces algo a cambio de que él sea espontáneo, él lo será todo el día. Además, tienes que saber que sólo pensamos en una recompensa. No queremos calcetines o ropa interior nueva, tampoco queremos un baño de tina con pétalos de rosa por todos lados. Lo único que queremos es que nos des el bizcochito. Si recibimos el bizcochito, haremos cualquier cosa por ti.

11. ¿A los hombres les agrada más tener sexo con parejas nuevas que con parejas con las que han estado involucrados en relaciones largas?

SH: En realidad, nosotros podríamos obtener una experiencia sexual nueva de la misma mujer con la que hemos estado involucrados por mucho tiempo. Recuerda que la variedad es lo que le da sabor a la vida. Analiza esta breve respuesta y utilízala de la manera que mejor te convenga.

12. ¿Por qué a los hombres no les agradan las demostraciones de afecto en público, como tomarnos de la mano, besarnos, etcétera?

SH: Eso no es verdad. Yo tomo a mi esposa de la mano todo el tiempo y la beso en los restaurantes. Si a tu hombre no le gusta hacerlo es porque tal vez no le gusta tomar *tu* mano o besarte *a ti*. Tal vez no quiere que nadie —su esposa, su novia o su posible pareja— sepa que está contigo. Si quieres que sea más afectuoso en público, toma su mano, bésalo cuando sientas ganas de hacerlo (y cuando sea apropiado) y abrázalo. Si le interesas, él te corresponderá con su afecto sin que le importe quién los esté observando.

13. Si un hombre me presenta con sus amigos, ¿eso significa que realmente está interesado en mí?

SH: Eso podría ser verdad. Lo que sí es definitivo es que si *nunca* te los presenta, es porque no está realmente interesado. Si no se siente orgulloso de ti o si quiere mantener la relación oculta, jamás te llevará a conocerlos.

14. ¿Qué hace felices a los hombres?
SH: El bizcochito.

15. ¿Qué es lo que un hombre considera como "una buena mujer"?
SH: Pues varía mucho. Algunos hombres quieren una mujer que trabaje y que contribuya económicamente. Algunos quieren que ella se quede en casa y cuide a la familia. Algunos hombres quieren una mujer despampanante y súper inteligente. Pero, al final de cuentas, todos queremos y necesitamos lo mismo. No importa cuánto esté dispuesta a aportar a la cuenta bancaria, a hacer en la casa, o si se vestirá bien siempre para verse increíble. Los hombres necesitan a una mujer que sea leal, que los apoye y que esté dispuesta a darles el bizcochito con frecuencia. Si tú fallas en alguno de esos aspectos, entonces ningún hombre creerá que eres una buena mujer para él.

16. ¿Cuáles son los principales rasgos que los hombres buscan para casarse con una mujer?
SH: Antes que nada, permíteme explicar algo. Tienes que quitarte de encima esa responsabilidad, tú serás la mujer indicada sólo para el hombre indicado. Si tú llenas sus expectativas, entonces estará interesado en desposarte. Pero si lo que ese tipo busca no es una relación perdurable, entonces no importa lo bien que cocines y hagas la limpieza, lo bueno que sea el sexo contigo, ni cuanta inteligencia, dinero y experiencia tengas: él no te pedirá que se casen. Te puedo decir que las mujeres que tienen lo necesario para

casarse, comparten un rasgo: todas quieren casarse. No conozco a ninguna mujer que se haya unido en matrimonio, y piense: "¡Ah! ¿Qué sucedió?". Tal vez él te sorprendió con la fecha y la manera en que te propuso matrimonio, pero sabías que ese momento llegaría porque siempre fue uno de tus requisitos.

17. ¿Por qué los hombres se vuelven tan aburridos después del matrimonio?

SH: Con mucha frecuencia, eso sucede porque comenzaste a aceptar que se repitiera a sí mismo, así que él no tiene ninguna razón para ser espontáneo. Si aplicas el sistema de recompensas, podrás recuperar toda la emoción que tenían cuando eran novios. ¿Quieres salir a cenar más seguido? Díselo. ¿Quieres ir a más conciertos o paseos por el parque? Díselo. Y cuando él haga esas cosas por ti, dale una recompensa.

18. ¿A los hombres les desagradan las mujeres que invierten mucho tiempo en desarrollar sus carreras y en educar a sus hijos?

SH: No, para nada. Tú jamás debes abandonar tu desarrollo personal y profesional, ni descuidar a tus hijos sólo para complacer a un hombre. Si tú trabajas para tener dinero y cubrir tus gastos, y si te involucras en la educación de tus hijos y en sus actividades extracurriculares, si estás esforzándote para que tengan una buena vida, entonces piensa que sería totalmente ilógico que dejaras de hacer todo eso sólo para beneficiar a un hombre. Sería una estupidez. Un hombre de verdad que conoce a una mujer que es atractiva pero que no hace todo lo que acabo de mencionar, no se sentirá interesado. Asimismo, debes estar lista para rechazar a cualquier hombre que no esté de acuerdo en que tú hagas todo lo que es absolutamente necesario para cuidar de ti y de tu familia.

19. ¿Qué piensan los hombres acerca de salir con mujeres que conocen en Internet?

SH: Realmente depende del hombre y de la mujer en cuestión. Pero es algo que está comenzando a ser inevitable por el simple hecho de que la tecnología se ha convertido en una herramienta muy valiosa y está cada vez más presente en la vida de las personas. Creo que ustedes se podrían ahorrar bastante tiempo y esfuerzo si entraran a Internet y hablaran con un hombre antes de conocerlo en persona. Lo creo así porque las conversaciones previas les pueden dar suficiente información como para ya no perder tiempo en citas infructuosas. No subestimes el poder de Google y de sitios como Free ID Search. Estas herramientas, junto con los sitios de relaciones personales en línea, son maneras bastante prácticas de conectarse con el sexo opuesto y de llegar a conocer bastante bien a alguien antes de conocerlo en persona.

20. ¿Tienes algunos buenos consejos para encontrar amor en Internet? ¿Aplican las mismas reglas que en las relaciones no-virtuales?

SH: Sí, las reglas son las mismas. Tienen que darse su tiempo, conocer a fondo a la persona, tienen que hacer las preguntas adecuadas, tienen que cavar hasta el fondo y llegar a la verdad, y, sobre todo, tienen que ser cuidadosas. Lo más importante es que el valor de una persona no depende de lo que diga, sino de lo que haga, y eso también se aplica en Internet.

21. ¿Los hombres creen que es aceptable salir con la ex de un amigo?

SH: La mayoría de los hombres lo considera un tabú. Pero, ¿llega a suceder? Claro que sí. Sin embargo, casi todos los hombres saben que es una línea que no les gustaría cruzar, sobre todo si es un amigo cercano, porque, para nosotros, siempre serás su chica y no nos gustaría involucrarnos con la mujer de un amigo. Si te involucras con alguien en una situación así, lo más seguro es que salgas muy herida.

22. ¿Qué piensan los hombres acerca de las relaciones a distancia? ¿Les funcionan?

SH: Este tipo de relaciones puede funcionar si el hombre así lo desea. La confianza representa el principal desafío: ¿Él es en verdad quien dice ser?, ¿realmente hace lo que me ha dicho? No existen muchas formas de verificarlo. Lo que ustedes dos tienen que hacer es determinar si podrán reunirse eventualmente y si son capaces, mientras tanto, de establecer los estándares y las reglas que harán que la relación funcione para ambos. Pero debes ser clara porque no existen muchas formas de asegurarse de que se portará bien. No seas ingenua, ¿en verdad crees que va a estar sentadito esperando con calma hasta la próxima ocasión que te vea? ¿O tal vez alguien le está proporcionando un poquito de satisfacción mientras te espera?

23. ¿Cómo se recuperan los hombres cuando salen lastimados de una relación?

SH: Por lo general, comenzamos a movernos. Vamos tras alguien más. ¿Nos hirieron demasiado? Claro, pero podemos seguir viviendo, no importa si estamos lastimados, vapuleados, si nos rompieron los dientes y nos quebraron los huesos. Los hombres tenemos una pausa breve, nos arrepentimos un poco y luego clausuramos el asunto de la manera que mejor conocemos: buscando a alguien más. A nosotros nos queda muy claro que la mejor manera de recuperarnos de una mala relación es empezar de nuevo con alguien más. Sabemos que la vida debe continuar.

24. ¿En verdad les importa a los hombres la edad?

SH: Si se trata de un hombre que está tratando de dilucidar si debería salir con una mujer mayor, entonces sí importa. Trataremos de pensar en cómo lucirá dentro de diez años, qué podremos hacer juntos en ese momento, y si envejecerá con gracia. Cuando es la situación contraria, también importa bastante el asunto de la edad. Si eres un hombre adulto, estás consciente de cómo son las mujeres jóvenes. Si el hombre es maduro y se conoce bien, entonces no va a buscar a una mujer para criarla. Él querrá a una mujer madura. Aunque, al final de cuentas, el rango de edad que un hombre puede considerar aceptable, siempre dependerá de él y de la situación.

25. ¿Qué opinan los hombres de que las mujeres los espíen, revisen sus celulares y lleven a cabo otras técnicas para saber si les están siendo fieles?

SH: Tu hombre te odiará si haces eso.

26. Si un hombre te dice que necesita un poco de tiempo, ¿eso significa que la relación ha terminado definitivamente?

SH: Verás, ésa es la señal de advertencia más fuerte que te puede dar un hombre. Cuando te lo diga, entonces saca la bandera blanca, toma a los niños y vuelve a casa de tu madre porque él acaba de darte la noticia de la manera más sutil que encontró. Con esto, te dijo que dejará de llamarte, que no quiere verte, que va a descansar del sexo contigo. Está cansado de ti. Esa frase es el tiro de inicio, es el principio del final. Te está diciendo que quiere continuar solo con su vida. Eso es lo mismo que tú deberías hacer.

27. ¿Qué piensan los hombres de esas "sutiles señales" que envían las mujeres cuando están interesados en ellos?

SH: A nosotros nos agradan las señales sutiles, y también el flirteo directo. Sólo nos resultan desagradables cuando no estamos interesados en ti.

28. ¿Los hombres tratan a sus amigas que se convirtieron en novias de la misma forma que a las novias a quienes no conocían previamente?

SH: Verás, la única razón por la que fueron amigos antes, es porque él no pensó que existiera la posibilidad de que se involucraran sentimentalmente. Tienes que saber que él te ha observado desde el primer día porque, a ningún hombre le interesa ser sólo tu amigo. Seguramente te quería desde el principio. Se conformó con la amistad porque no creyó que lo aceptarías de otra forma. En cuanto le permitiste ser más que un amigo, cruzaron una línea. Si las cosas no funcionan entre ustedes, todo habrá terminado. A menos, claro, de que ambos estén de acuerdo en que prefieren volver a ser amigos. Sin embargo, después de haber sido amantes, será muy difícil recuperar la amistad.

29. En lo que se refiere al compromiso, ¿los amigos de un hombre tienen influencia en él?

SH: Claro, por supuesto. Si un tipo está en una relación seria y sus amigos son solteros y se la pasan de parranda y "pescando" mujeres (ver el Glosario), él hará lo mismo cuando esté con ellos. Después de algún tiempo cuesta trabajo comportarse. Aunque es algo que también funciona a la inversa: si todos tus amigos están comprometidos en una relación y tú eres el único parrandero, cuando estás con ellos tratas de, al menos, no meter la pata. Así pasa con mis amigos. Cuatro de los amigos con los que viajo, tienen relaciones serias, el resto de ellos son solteros, pero saben que cuando estamos juntos, más les vale comportarse.

30. ¿A los hombres les gusta el romanticismo? ¿Qué les parece romántico a ellos?

SH: Sí, claro, a los hombres les agrada el romanticismo y continuarán practicándolo mientras alguien así se los solicite. Sin embargo, debes saber que para nosotros, el romanticismo por lo general significa que nos dirigimos a una situación específica. Sí, lo siento, pero esa es nuestra forma de pensar. A veces nos tienen que recordar que acurrucarse es sólo eso: un abrazo tierno y profundo. Cuando una mujer se pone romántica con un hombre, él siempre piensa: "Genial, aquí hay una oportunidad más de que me den el bizcochito". A veces lo conseguimos y a veces, no. Sin embargo, nuestra mente siempre funciona de una manera diferente. Por ejemplo, nosotros pensamos: "Ella se está poniendo romántica por alguna razón". ¿Es correcto?, ¿es justo? No, pero así somos nosotros. Así que tendrás que ser romántica bajo tu propio riesgo.

31. ¿Los hombres pueden continuar teniendo amistad con una ex sin sentirse atraídos sexualmente a ella?

SH: Sí, sí podemos ser sólo amigos. La mayoría de los divorcios terminan bastante mal, y, a veces, existe un odio genuino entre los involucrados. Sin embargo, podemos hacer a un lado el pasado, ser cordiales y no sentirnos atraídos sexualmente, claro. Pero si la ex es una mujer con quien salíamos, la situación se puede complicar un poco, en particular si el hombre ahora se encuentra en una relación más sólida. Yo no te recomendaría ser amiga de un ex en esas circunstancias. No es posible borrar todos los momentos, así que, salir a pasear con alguien con quien compartiste la intimidad, es como jugar con fuego. Sabes de sobra lo que buscan los hombres, y la situación es más delicada si ese hombre ya tuvo alguna vez lo que tú y yo sabemos. Para él va a resultar muy difícil alejarse si le ofrecen el bizcochito otra vez. Claro, no estoy tratando de decir que los hombres no tienen fuerza de voluntad, pero creo que es mejor mantener la distancia para todos los involucrados.

32. ¿A los hombres les molesta tanto como a las mujeres cuando nos olvidamos de su cumpleaños, del aniversario y de este tipo de fechas?

SH: Nosotros no mostramos nuestra incomodidad, pero cuando se olvidan los momentos importantes, sí nos sentimos lastimados. A nosotros nos gusta que nos celebren tanto como a ustedes.

33. Si un hombre no deja de enviarte mensajes de texto, ¿eso significa que le gustas mucho?

SH: No, no significa nada. Él podría estarle enviando el mismo mensaje a un montón más de mujeres al mismo tiempo, y luego reenviarlo a una docena más. La forma en que un hombre te demuestra que le gustas es comunicándose contigo de la manera tradicional, por teléfono, en persona, con una cita. Los mensajes de texto no tienen importancia porque, los hombres que quieren estar contigo, desean compartir el mismo espacio, añoran ver tu rostro.

34. ¿Por qué son tan selectivos los hombres?

SH: ¿Acaso las mujeres no son selectivas en lo que se refiere al sexo masculino? Verás, esto es algo que nunca nos verás hacer: no vamos a cambiar nuestros estándares. En el instante en que tú ya no los cubras, cuando hayas subido de peso, cuando ya no llenes el perfil que buscamos, comenzaremos a pensar en irnos. Nosotros sabemos lo que queremos y no nos vamos a "conformar" con cualquier esposa. Creo que a las mujeres les vendría muy bien imitar a los hombres en ese sentido: dejen de comprometer sus estándares y consigan lo que realmente quieren del hombre que cubre sus expectativas por completo.

PARA LOS HOMBRES...

Diez mandamientos para complacer a una mujer

1. Le darás tiempo libre.

Encuentra la manera de que ella tenga tiempo para tomar un curso o disfrutar de algún pasatiempo que haya estado posponiendo porque está demasiado ocupada con el trabajo y los niños, porque no tiene tiempo para hacer eso que le encanta.

2. Recordarás los pequeños detalles.

Dale un masaje en los pies, prepárale un baño en tina y brindarle tiempo de calidad para "estar a solas" los dos, sin que eso signifique que te tenga que recompensar con el bizcochito.

3. Encontrarás todo el tiempo nuevas maneras de decirle "te amo".

Las notitas amorosas funcionan de maravilla. Déjale una en la cartera, en el portafolio o en la bolsa del almuerzo. Hazlo sólo por el gusto de hacerlo. Ella se sentirá agradecida de que pienses en ella y que le digas que la amas sin tratar de presionarla para que te dé algo más.

4. Ayudarás en el hogar.

Lava los platos, lava una carga de ropa, limpia el baño o haz alguna otra labor que por lo general ella realiza. Si no puedes o no quieres hacerlo tú mismo, entonces contrata a alguien más para que lo haga. Así, ella tendrá algo menos qué hacer y se sentirá muy agradecida por la ayuda.

5. Ayudarás con los niños.

Ofrécete para acostarlos un par de veces por semana o llévalos a las actividades extracurriculares. A ella seguramente le vendrá muy bien la ayuda.

6. Practicarás el arte del cortejo amoroso.

Si anteriormente ella se ponía romántica con unas velas y algo de música suave, y si no lo has hecho en años, entonces recupera esa costumbre. Ella apreciará el esfuerzo y te responderá de la misma manera.

7. Respetarás su horario.

Claro, tú deberías poder trabajar un poco más cuando es necesario o irte a jugar golf con tus amigos un fin de semana completo sin que ella te lo reproche. Sin embargo, será más benéfico para todos que coordines tu horario con el suyo, en lugar de asumir que ella se hará cargo de la casa, los niños y todo lo demás mientras tú te diviertes.

8. Le enviarás rosas, sólo por el gusto de hacerlo.

No esperes a que llegue el cumpleaños, aniversario o las vacaciones para darle obsequios. Puede ser un *bouquet* discreto o una caja de sus dulces predilectos. Son gestos que le demostrarán que piensas en ella.

9. Recordarás la regla de oro.

Puedes ser feliz o puedes tener la razón.

10. Siempre te pondrás de su lado.

Claro, tu madre te enseñó que ella siempre tenía la razón. Así que la mujer con la que duermes debe sentir que la respaldas y la apoyas incondicionalmente y sin importar contra quién se enfrente. Ella te brindará el mismo tipo de apoyo.

Glosario de los términos de Steve

Lo que define a los hombres: quiénes son (título o puesto), lo que hacen (cuál es su empleo, su carrera), lo que ganan.

Las tres "P": las tres maneras en que los hombres demuestran su amor por su pareja, son: proveyendo, proclamando (es decir, haciendo público el amor que sienten por su novia/dama/esposa) y protegiendo.

El bizcochito: sexo.

Las tres cosas que necesita un hombre: apoyo, lealtad y el bizcochito.

La regla de los noventa días: es un período de prueba en el que una mujer no tendrá sexo con un hombres, sino hasta que descubra cuál es su interés en ella y cuáles son sus intenciones.

Tenemos que hablar: la frase más aterradora que se le puede decir a un hombre.

Modalidad de reparación de daños: cuando los hombres se niegan a hablar, a evaluar el daño, y a meditar con profundidad sobre el asunto, y en lugar de eso tratan de detectar el problema y hacer lo necesario para hacerlo desaparecer con la menor cantidad de llanto posible.

Pesca con devolución: cuando un hombre sale con una mujer y sabe que no tiene ninguna intención de iniciar un compromiso duradero con ella.

Guardianas: mujeres que tienen estándares y requisitos para sus relaciones, mujeres que se conducen con respeto y que les exigen a sus posibles pretendientes que también las traten con respeto.

Estándares y requisitos: son las expectativas que tienen las mujeres y las reglas que establecen para aquellos hombres que podrían ser una pareja en potencia, y que están interesados en cortejarlas.

Las cinco preguntas: son los cuestionamientos que todas las mujeres deberían presentar a un hombre para determinar lo que él espera de su vida y de su relación con ella. Estas preguntas les permiten a las mujeres definir con prontitud los valores que tiene un hombre y si realmente existe un espacio para ella en su vida. Las preguntas, incluyen: ¿cuáles son tus metas a corto plazo? ¿Cuáles son tus metas a largo plazo? ¿Qué opinas de las relaciones? ¿Qué piensas sobre mí? ¿Qué sientes respecto a mí?

AGRADECIMIENTOS

Me gustaría mostrarles mi gratitud a varias personas que me ayudaron muchísimo. A mi editora, Dawn Davis, quien, para empezar, de alguna extraña manera creyó que yo podía escribir un libro… y luego respaldó su corazonada con una ética de trabajo que he visto pocas veces en mi vida. Jill Jamison, una persona nueva en el equipo, quien tiene opiniones muy valiosas, y que se sentó conmigo en todas las sesiones a diseñar mi grupo de enfoque. Un agradecimiento especial a Shirley Strawberry, quien, con su inquisitiva naturaleza y sus cuestionamientos implacables, me presionó para cavar hasta lo más profundo, a ser muy meticuloso para mis lectoras; Shirley también estuvo conmigo en todas las lecturas, incluso algunas que ella misma hizo en voz alta de los borradores. Shirley no me permitió bajar la guardia jamás, ni siquiera en las lecturas finales.

Este libro no existiría si no fuera por los millones de lectores que adquirieron mi primer libro, *Actúa como dama pero piensa como hombre*. Su seguimiento y las preguntas que realizaron en los seminarios, me motivaron a profundizar en la mente de mis amigos varones, produciendo así el nacimiento de este libro, el cual considero tan importante como el anterior. Sé que en conjunto, ofrecen una gran cantidad de conocimiento.

Mi socio y mejor amigo, Rushion McDonald, trabaja conmigo tras bastidores, pero su ética de trabajo, su conocimiento y sus habilidades de promoción, no sólo han sido de gran ayuda en mis esfuerzos editoriales, también me han servido en muchas cruentas batallas en las que Rushion y yo nos hemos involucrado en los últimos veinte años. No ha sido nada fácil, pero sí hemos recibido enormes recompensas. Gracias, amigo mío.

Y, por supuesto, gracias a Denene Millner, quien ha mecanografiado, editado y reído a lo largo de todo el proyecto, ayudándome así a lograr que mis peculiares procesos mentales y verbales, se conviertan en una prosa inteligible. Gracias por tu guía, tus cuestionamientos y tu devoción a este proyecto. Gracias, gracias, gracias.

Y ahora, mi parte favorita:

Mi esposa, Marjorie… No podría escribir en esta página todo lo que ella significa para mí. En los últimos cinco años me he convertido en la persona que ahora soy, gracias al maravilloso regalo que recibí llamado Marjorie. Ella es prueba viva de que Dios en verdad sabe lo que necesitamos más que nosotros mismos. Jamás en la vida, jamás con toda mi imaginación, habría podido darme cuenta de que podría existir alguien así para mí. Ella me permite ser mejor, ella me motiva a ser mejor, y lo más increíble, ella espera que yo sea mejor. Además, ella se da cuenta de mis logros. Gracias a eso puedo atravesar paredes y caminar sobre fuego por ella. Hay como cien cosas más que podría decir sobre Marjorie, pero las voy a guardar para el siguiente libro. Gracias a ella me ha sido posible compartir con ustedes gran parte de nuestra travesía. Ella es "una bomba". Te amo, mi niña, Marjorie.

Sin Dios, estaría perdido: tus indicaciones han sido precisas, me has llevado a lugares lejanos, más allá de lo que jamás había soñado. Me has dado algo más que sólo esperanza. Has sobrepasado todas mis expectativas y, al mismo tiempo, has abierto mi mente y me has permitido recibir más inspiración. No sé hacia dónde se dirige todo esto, pero estoy dispuesto a seguir adelante porque tu visión y tu guía son lo máximo. Así que, por favor, por favor te lo pido: continúa haciendo todo eso que tú haces.

Tu imperfecto soldado, Steve.... Dios todavía no ha terminado de guiarme.

Esta obra se terminó de imprimir en mayo de 2011
en los talleres de Litográfica Ingramex, S.A. de C.V.
Centeno 162-1, Col. Granjas Esmeralda,
C.P. 09810, México, D.F.